교회 다니면서 그것도 몰라?

국제제자훈련원은 건강한 교회를 꿈꾸는 목회의 동반자로서 제자 삼는 사역을 중심으로
성경적 목회 모델을 제시함으로 세계 교회를 섬기는 전문 사역 기관입니다.

교회 다니면서 그것도 몰라?

초판 1쇄 발행 2010년 5월 12일
초판 18쇄 발행 2025년 11월 4일

지은이 조성돈

펴낸이 오정현
펴낸곳 국제제자훈련원
등록번호 제2013-000170호.(2013년 9월 25일)
주소 서울시 서초구 효령로 68길 98(서초동)
전화 02)3489-4300 **팩스** 02)3489-4329
이메일 dmipress@sarang.org

저작권자 (C) 조성돈, 2010, Printed in Korea.
이 책은 저작권법에 의해 보호를 받는 저작물이므로 저자와 출판사의 허락 없이
내용의 일부를 인용하거나 발췌하는 것을 금합니다.

ISBN 978-89-5731-470-8 03230

※ 책값은 뒤표지에 있습니다. 잘못된 책은 구입하신 곳에서 교환해드립니다.

교회
다니면서
그것도 몰라?

조성돈 지음

머리말

예전에 실시한 한 설문 조사에서 목회자들에게 "교인들에게 기독교의 기초적인 교리들을 잘 가르치셨습니까?"라고 물은 적이 있다. 이 질문에 목회자들의 80% 정도가 잘 가르치고 있다고 대답했다. 이와 비슷한 질문을 교인들에게도 던졌다. "교회에서 기독교의 기초적인 교리들을 잘 배웠습니까?"라는 질문에 교인들은 20% 정도만 잘 배웠다고 대답을 했다고 한다. 정반대의 결과가 나온 것이다.

왜 이런 결과가 나왔을까? 아마 목회자들은 설교 시간에, 또 성경공부 시간에 짬짬이 기독교의 기초적인 가르침들을 잘 전수했고 잘 가르쳤다고 생각했을 것이다. 그러나 교인들 입장에서는 목회자들이 신론이나 기독론 같은 교리를 체계적으로 가르쳐 준 적이 없으니 제대로 배워본 적이 없다고 대답한 것이다.

이것이 한국교회의 중요한 문제 중 하나다. 교회에 다니면서 들은 것은 많은데 구체적으로 생각해 보면 제대로 아는 것이 없다. 배우기는 배웠는데 누가 그것이 무엇이냐고 묻는다면 대답할 정도는

또 아니다. 정말 구체적으로 예배는 무엇인지, 기도는 어떻게 해야 하는지, 성경은 어떤 책인지, 예배시간마다 외우는 주기도문과 사도신경은 어떤 의미가 있는지 정확히 배워본 적도 없고 이해해 본 적도 없다.

그런데 문제는 이런 것들을 물어볼 곳이 없다는 것이다. 전에 개신교에서 가톨릭으로 개종한 사람들에 대한 연구를 할 때 개종하신 분들에게 들은 이야기다. 개신교에서는 기초적인 교리를 가르쳐 주는 곳도 없었고, 물어볼 곳도 없었다는 것이다. 목사들에게 물어보기에는 왠지 좀 어렵기도 하고, 그것도 모르냐고 핀잔을 들을까 봐 꺼려졌다는 것이다. 그리고 좀처럼 배울 기회도 없었다고 한다.

그러다 보니 정작 기초가 되고 중요한 기독교의 가르침에 대해서 그냥 그러려니 하고 넘어가고 만 것이다. 좀 열심히 공부하시는 분들은 주변에 계신 성도들에게 묻기도 하고, 사람들이 하는 이야기를 그냥 주워듣는 경우도 많았다고 하신다. 제대로 된 교육으로 배운 것이 아니라 상당히 왜곡된 이야기를 정설로 아시는 분도 있었다.

즉 기독교의 교리가 아니라 성도들이 스스로 만들어낸 교리가 나온 것이다.

이런 안타까운 현실을 마주하면서 미력하지만 기독교를 이해하면서 믿음을 키우고 싶은 분들에게 좀 친절하게 그리고 논리적이고 합리적으로 기독교의 기초적인 이야기를 해 드리고 싶었다. 모르기 때문에 기도하고, 모르기 때문에 성경을 읽는 것이 아니라 정말 기독교를 처음 접하거나 교회를 다니면서도 주워들은 것밖에 없는 분들에게 기초에 대해서 차근차근 설명해 보고자 이 책을 쓰게 된 것이다.

여기에 실린 글들은 2009년 7월부터 10월까지 필자가 극동방송 '신앙기초 다지기' 시간에 방송했던 원고를 정리한 것이다. 이 프로그램은 신앙에 대해서 전혀 이해가 없는 사람들에게 기독교를 소개하고, 기독교를 쉽게 이해할 수 있도록 돕는 취지를 가지고 시작한 라디오 방송이였다. 사람들에게 기독교의 기본적인 지식을 어떻게 하면 기독교적인 언어를 쓰지 않고 쉽고 합리적으로 설명할 수

있을지 고심을 했었다. 교회에서 일상적으로 사용하는 언어를 벗어나서 기독교를 설명하는 것이 이렇게 어려운 일인지 그때 심각하게 느꼈다. 그래서 단어 하나를 선정할 때마다 고민을 했고, 교회를 처음 접하는 분들이 궁금해할 만한 주제를 선정하기 위해서 무척 고심했던 기억이 난다. 덕분인지는 모르지만 그 방송을 들었던 분들이 좋은 반응을 보여 주었고, 그 여름 매주 방송원고를 쓰느라 노력했던 수고에 많은 보답을 얻기도 했다.

당시 프로그램을 함께했던 윤재희 PD와 유춘환 아나운서께 감사를 드린다. 그리고 출판을 허락하신 국제제자훈련원, 특히 수고해 주신 장병주 편집장께 감사를 드린다. 부디 이 책을 통해 많은 분들이 깨달음의 기쁨을 누리시기를 기대해 본다.

조성돈

차례

머리말 ··· 4

1부. 교회생활, 이런 게 궁금해요.

1장 예배는 어떻게 드리나요? ··· 12

2장 기도는 어떻게 하나요? ··· 23

3장 성경은 어떤 책인가요? ··· 34

4장 찬송가는 무엇인가요? ··· 45

5장 헌금은 왜 내야 하나요? ··· 55

2부. 교회란 무엇인가요?

6장 교회는 어떤 곳인가요? ··· 72

7장 선교를 왜 해야 하나요? ··· 83

8장 목사님은 누구신가요? ··· 95

9장 개신교와 가톨릭은 어떻게 다르나요? ··· 105

10장 한국교회는 어떻게 시작되었나요? ··· 116

3부. 우리는 무엇을 고백해야 하나요?

11장 기도를 묻다 예수님이 답하다 – 주기도문 I ··· 128

12장 주기도문 이것만은 알자 – 주기도문 II ··· 138

13장 하나님에 대한 고백 – 사도신경 I ··· 148

14장 예수 그리스도에 대한 고백 – 사도신경 II ··· 159

15장 하나님의 백성이 되겠다는 약속 – 십계명 I ··· 170

16장 십계명을 가지고 어떻게 살아야 하나요? – 십계명 II ··· 182

4부. 우리는 어떻게 살아야 하나요?

17장 신앙이란 무엇인가요? ··· 194

18장 기독교인은 어떻게 살아야 하나요? ··· 206

1부
교회생활, 이런 게 궁금해요.

1장 예배는 어떻게 드리나요?

하나님은 영이시니 예배하는 자가 영과 진리로 예배할지니라
● 요한복음 4장 24절

교회를 다니면 예배에 참석해야 한다고 들었는데요, 그렇다면 예배는 무엇인가요?

먼저, 예배(禮拜)는 하나님을 경배하는 예식입니다. 경배한다는 것은 높은 분을 높여 드리는 것입니다. 우리말로 찬양을 드린다는 것입니다. 우리가 예배하는 대상은 하나님과 그의 아들 예수 그리스도, 영이신 성령님입니다. 하나님은 세상을 만드시고 운영하시며, 역사를 만드시는 분이십니다. 그 아들 예수 그리스도는 하나님의 사랑의 뜻을 보여 주시고자 이 땅에 오셨습니다. 그리고 십자가에 달려 돌아가셔서 인간의 죄를 용서하시고 인간을 구원해 주셨습니다. 성령님은 지금 여기에 계셔서 우리에게 예수를 믿게 하시고 하나님의 말씀에 감동할 수 있도록 도우시는 분입니다.

예배드리는 것은 바로 이런 하나님을 경배하는 것입니다. 예배에 참여한다는 것은 먼저 높으신 하나님을 바라본다는 것입니다. 하나님은 우리와 같지 않습니다. 그분은 우리를 지으신 분이시고 세상을 다스리는 분이십니다. 나의 작은 생각을 뛰어넘으시고 나의 존재를 뛰어넘으시는 분입니다. 그분은 이 세상의 주인이시고 이 우주의, 만물의 주인이십니다. 죄인 된 우리를 사랑하셔서 버려두지 않으시고 찾아와 우리를 구원하신 분이십니다. 그 높으신 하나님을 만나는 것이 예배입니다. 그리고 그분을 높여 드리는 것이 예배입니다.

둘째, 예배에 참여한다는 것은 낮아진 나를 발견하는 것입니다. 그 높으신 하나님을 발견하고 바라보게 되면 낮아진 나를 발견하게 됩니다. 그것이 인간의 참모습입니다. 우리는 세상에 나가면 나 잘난 맛에 삽니다. 내가 하고 싶은 것을 하고, 내 생각대로 삽니다. 그런데 예배 시간에는 바로 그러한 모습을 죽이는 것입니다. 높으신 하나님을 바라보며 그의 영광 가운데 자신을 발견하는 것입니다. 내 뜻이 아니라 하나님의 뜻을 발견하기 위해서 노력하는 시간입니다.

이런 예배에 참여하는 태도를 통해서 높으신 하나님을 바라보고, 낮아진 나를 발견하게 됩니다. 낮은 자세로, 죄인 된 자세로 영광된 하나님을 바라보고 그에게 찬양을 돌리는 것이 바로 예배입니다.

그렇다면 다른 종교에서 지내는 제사하고는 어떤 점이 다른가요?

다른 종교에서는 섬기는 대상의 모양이 있습니다. 불교 같은 경우는 불상을 두고 경배를 합니다. 우리 민간 신앙도 대개가 서낭당이나, 귀신 같은 그림이나 모양이 있습니다. 아니면 나무나 돌 등, 신령하다는 대상에게 절을 하고 소원을 빕니다.

또 다른 경우는 사람을 경배하는 종교도 있습니다. 어떤 사람이 신처럼 우상이 된 것입니다. 자신에게 절하라고 하고, 자신의 말을 지키라고 명령하고, 그 뜻을 마음에 새기라고 강요합니다. 어떤 종교 지도자는 자신의 말을 받아쓰고, 외우라고 합니다. 살아 있는 사람이 우상이 되는 것입니다.

그러나 기독교 예배는 모양을 가진 형상에게 경배하지 않고 눈에 보이지 않는 하나님을 경배합니다. 이것을 어려운 말로 임재라고 합니다. 하나님께서 우리와 함께 계신다는 뜻입니다. 이 하나님의 임재를 경험하는 시간이 예배입니다.

또 다른 제사와 다른 점은 모두가 함께 참여한다는 것입니다. 다른 종교에서는 사람들을 대표하는 사람이 있습니다. 그들이 사람들을 대신해서 신에게 소원을 빌어주기도 하고, 신의 뜻을 전하기도 합니다. 사람들은 제물만을 드리고 실제로 그 제사에 참여하지는 않습니다. 그러나 기독교의 예배는 사회를 보는 사람이 따로 있지만 모든 사람들이 찬양하고, 기도하고, 말씀을 나눕니다.

그래도 성경에 보면 제사장이 나오는데요.

네, 구약성경에 보면 제사장이 있었습니다. 그들은 하나님께서 정해 주신 대로 제사를 드리고 제물을 드렸습니다. 보통은 짐승을 하나님께 드렸는데 양이나 소, 비둘기가 드려졌습니다. 곡식을 태워서 하나님께 드리기도 했습니다. 이런 제물을 드릴 때 제물을 제사장들에게 전달하고 사람들은 성전 바깥에서 기다려야 했습니다. 성소에는 제사장만 들어갈 수 있었습니다. 그리고 일 년에 한 번 대제사장만이 성전의 지극히 거룩한 장소인 지성소(至聖所)에 들어가 하나님을 만나고 하나님의 말씀을 백성들에게 전해 주었습니다.

그런데 예수님께서 이천 년 전에 오시면서

성소 이스라엘 백성들이 이집트에서 탈출해서 가나안 땅으로 들어가는 광야생활에서부터 솔로몬 왕이 성전을 짓기까지 제사를 위한 장소로 활용한 운반이 가능한 장막을 말한다. 하나님이 임재하신 거룩한 곳을 지성소라고 하며, 대제사장이 일 년에 한 번 들어갈 수 있었다. 지성소 안에 언약의 궤가 있었다.

이런 관계가 깨어졌습니다. 하나님의 아들인 예수 그리스도께서 자신을 제물로 드린 것입니다. 구약시대 때 사람들이 죄를 지을 때마다 하나님께 소나 양, 비둘기를 드려서 자신의 죄를 씻었습니다. 자기가 죄를 지을 때마다 죽을 수가 없어서 짐승을 대신 죽게 한 것입니다. 그런데 예수님께서 우리의 죄를 대신해서 십자가에서 달려 돌아가셨습니다. 우리가 죽어야 할 죄를 위해서 예수님이 대신 돌아가신 것입니다. 놀라운 것은 예수님이 대제사장이 되어서 하나님께 제사를 드리며, 그 자신을 제물로 드렸다는 것입니다.

 예수님의 이런 공로 때문에 우리는 제사장들을 통해서 드려야 할 제사 대신에 예배를 드릴 수 있게 되었습니다. 대제사장이 중간에서 하나님과 인간을 화해하고 중재했다면, 지금은 예수님께서 그 일을 해 주셔서 우리가 직접 하나님을 찬양하고 경배할 수 있게 되었습니다. 예수님의 공로로 우리가 하나님의 말씀을 매주 들을 수 있게 된 것입니다.

예배의 또 다른 의미가 있나요?

우리가 함께 기억을 나누는 것입니다. 하나님의 백성인 이스라엘 사람들은 과거 하나님께서 자신들에게 하셨던 일들을 기억하며 살았습니다. 그들은 끊임없이 하나님께서 자신들을 이집트 땅에서 어떻게 구원하셨는지 기억합니다. 열 가지 재앙을 통해서 이집트 왕 바로의 마음을 돌려놓았던 일, 홍해 바다를 갈라서 이스라엘 백성들이 맨발로 그 바다를 건너게 했던 일, 광야 길을 갈 때에 하나님께서 그들을 구원하신 일 등을 기억했습니다.

예배는 바로 이런 전통을 따라서 하나님께서 우리와 함께하신 일을 기억하는 것입니다. 이스라엘을 구원하신 하나님을 기억하고, 예수님을 통해서 이 세상 사람들을 구원하신 일을 기억하는 것입니다. 이런 기억을 통해서 우리는 하나님을 우리 마음속에 간직합니다. 그래서 그런 일들이 과거의 일이 아니라 오늘도 우리 마음속에서 현실이 되도록 합니다. 그리고 그들의 일이 아니라 우리의 일이 되도록 하는 것이죠. 그러면서 동시에 우리가 하나님을 기억하듯이 하나님께서 우리를 기억해 주시기를 기원합니다.

그런데 예배는 꼭 모여서 드려야 하나요?

교회는 예배공동체이기 때문에 모여서 예배를 드려야 합니다. 하나님께 영광을 돌리는 곳이 교회입니다. 특히 교회는 하나님의 백성들이 모이는 곳입니다. 예수 그리스도 안에서 우리는 한 형제요, 자매입니다. 형제자매가 당연히 모여야 하듯 성도들이 서로 모이는 것은 당연한 일입니다. 우리가 한마음으로 하나님을 찬양하고, 그분을 기억하는 것은 중요합니다. 그럴 때만이 우리가 한 형제임을 확인할 수 있습니다. 하나님도 부모의 입장에서 우리가 함께 모여 찬양하길 원하십니다.

요즘은 따로 혼자 신앙생활을 하는 사람이 생기고 있습니다. 신앙만 있으면 된다고 생각하기 때문이죠. 다른 사람이 어떻게 하든 나는 내 식대로 믿겠다는 생각인데, 하나님께서 원하시는 것은 공동체입니다. 믿음의 공동체를 통해서 하나님께서 부으시는 은혜가 있습니다. 그래서 교회가 수천 년 동안 존재했던 것입니다. 그리고 우리의 믿음이 맞는지도 확인해야 합니다. 우리의 믿음도 지도를 받지 않으면 같은 성경을 가지고 엉뚱한 기독교를 믿기도 합니다. 그래서 우리는 정해진 날에 모두 모여서 예배드리고 말씀을 들어야 합니다.

예배는 어떻게 진행되나요?

예배는 보통 네 가지 부분이 있습니다. 첫째는 예배로의 부름이고, 둘째는 말씀예전, 셋째는 성찬예전, 넷째는 파송예전입니다. 차례로 보면 첫째, 예배의 부름은 예배에 들어가며 우리 마음을 모으고 하나님을 부르며 그를 찬양하는 순서입니다. 이 시간에는 특히 영광송(Glorification)을 부르게 됩니다. 요즘은 이것을 송영이라고도 부릅니다. 이 시간은 특히 삼위일체이신 하나님을 높여 드리는 찬양을 합니다. 예배에서 가장 웅장한 찬양입니다. 보통 찬송가 맨 앞부분에 나오는 몇 곡이 바로 이 영광송에 속합니다. 그리고 이 시간에 교독문을 읽는 것은 찬송에 곡조가 없던 시절, 즉 음악이 발달하기 전인 구약시대에 운율을 갖춰 시편을 읽던 전통을 잇는 것입니다. 시편은 현재 성경에 150편이 수록되어 있습니다. 시(Poet)의 형태를 가지고 있는데, 이것은 과거 음악이 없던 시절 노래처럼 불려졌던 것들입니다. 즉 옛날 찬송가라고 이해하면 될 것 같습니다. 이 전통대로 오늘날 예배 시간 때 시편을 교독(交讀, 번갈아 읽음)합니다.

둘째, 말씀예전은 성경봉독과 성가대 찬양, 그리고 말씀 선포인 설교가 있습니다. 옛날 인쇄술이 발달하기 전에는 사람들이 성경을 가질 수가 없었습니다. 물론 글을 읽는 사람도 드물었고요. 그래서 성경봉독 시간이 가장 중요한 순서였습니다. 하나님의 말씀인 성경을 접할 수 있는 유일한 시간이었기 때문입니다. 그리고 그 말씀의 뜻을 새겨 주고, 오늘 우리가 그 말씀을 가지고 어떻게 살아야 할지 목사님이나 전도사님이 설명해 주시는 설교시간이 있습니다.

셋째는 성찬예전입니다. 이때 성찬식이 거행됩니다. 성찬식은 예수님께서 잡히시기 전날 밤에 제자들을 모아놓고 나누셨던 마지막 식사를 기념하는 것입니다. 이때 전통에 따라서 빵과 포도주를 나누게 되는데 빵은 예수님의 살을, 포도주는 예수님의 피를 상징합니다. 우리가 성찬식을 통해서 우리를 위해 살이 찢기시고 피를 흘

최후의 만찬(The Last Supper). 레오나르도 다 빈치 作, 밀라노 산타마리아 델레 그라치에 성당.
예수님이 수난을 당하기 전날 밤, 열두 제자들과 함께 십자가에 달리신 예수님의 몸과 피를 상징하는 빵과 포도주를 먹으면서 가졌던 마지막 만찬. 성만찬이라고 불리는 성례전은 바로 여기에서 유래되었다.

리신 예수님을 기억하고 기념합니다. 종교개혁이 있기 전에는 매주일 예배 때마다 성찬식이 거행되곤 했습니다. 그런데 성찬식이 점점 신비적으로 변해 갔습니다. 예배를 인도하는 신부가 이 빵과 포도주를 들고 기도하면 성찬식 때 나누어 주는 포도주가 실제로 예수님의 피로 변하고, 빵이 예수님의 살로 변한다고 생각한 것입니다. 그래서 종교개혁 때 그러한 폐단 때문에 횟수를 좀 줄였습니다. 요즘 개신교회에서는 일 년에 몇 번 거행되는데, 성찬식의 원래적인 의미를 살려서 더 자주 시행되면 좋을 것 같습니다.

넷째는 파송예전입니다. 이 시간에는 결단의 찬송도 부르고 축도도 받습니다. 예배는 모이는 것이 중요한 것이 아니라, 하나님의 백성으로 예배를 통해서 얻은 은혜를 가지고 세상으로 나가는 것이 더 중요합니다. 특히 말씀을 듣고 결단한 사람들이 그 말씀을 가지고 세상으로 나가는 것이죠. 그래서 파송의 시간이 아주 중요합니다.

 예배를 드릴 때 가장 중요한 것은 무엇일까요?

예배의 주인은 하나님이십니다. 우리가 하나님께 경배드리는 시간이 예배입니다. 그런데 우리는 자주 그 사실을 잊어버립니다. 하나님이 눈앞에 보이지 않기 때문이겠죠. 그래서 예배 시간이 지루해지는 것입니다. 우리는 보통 예배 시간이 재밌으면 좋겠다고 생각하는데, 그건 인간중심적인 생각입니다. 우리가 재미있으려고 예배를 드리는 것이 아닙니다. 좀 더 진지하게, 좀 더 겸손한 자세로 성도들이 예배에 임하면 좋을 것 같습니다. 예배가 살아야 교회가 살고, 우리가 사는 것입니다.

 내가 처음 경험했던 예배는 어떠했는지, 나는 지금 어떤 예배를 드리고 있는지 생각해 봅시다.

 교회의 예배 순서나 형식들을 살펴보고 그 의미에 대해서 정리해 봅시다.

 진정한 예배를 위해서 내가 준비해야 할 것들은 무엇이 있을까요?

2장 기도는 어떻게 하나요?

아무것도 염려하지 말고 다만 모든 일에 기도와 간구로,
너희 구할 것을 감사함으로 하나님께 아뢰라 ● 빌립보서 4장 6절

보통 예수 믿는 사람들은 기도생활을 한다고 하는데, 기독교에서 기도는 어떤 의미가 있나요?

모든 인간의 심성에는 기본적으로 기원에 대한 욕구가 있습니다. 인간은 원하는 것이 있지만 이룰 수 있는 일이 한계가 있기 때문에 소원을 이루려고 기도를 합니다. 옛날 우리 어머니들은 뒷마당에 정화수를 떠 놓고 기도를 하셨습니다. 그 기도라는 것이 대부분 가정이 평안하고, 집안에 탈이 없고, 남편이 잘되기를 바라는 것이었죠. 특히 어머니들은 자식들을 위해서 항상 기도하지 않습니까? 건강하고 공부 잘해서 출세하기를 기원하신 거죠. 누가 가르쳐 준 것

도 아니고, 비는 대상도 정확하지 않은데 어머니들은 천지신명께, 또는 달님께 기도를 했죠. 그것은 신앙이 아니라 그냥 인간의 본성입니다.

어떤 사람이 갑자기 사고를 당해서 "하나님, 부처님, 천지신명님 저 좀 구해 주세요"라고 말했다는 우스갯소리가 있습니다. 신을 믿기 때문이 아니라 아무나 자기를 위험에서 구해 달라는 것이죠. 이게 바로 인간의 심성입니다. 인간보다 좀 더 높은 누군가에게 나를 구해 달라는 것입니다.

기독교의 기도도 이런 인간의 심성에서 크게 벗어나지 않습니다. 그런데 중요한 차이가 있죠. 기독교는 기도를 드리는 대상이 있습니다. 그냥 소원을 이야기하는 것이 아니라 기도를 들으시는 대상이 하나님이라는 것입니다. 우리의 영적인 아버지가 되시는 하나님께 기도를 드립니다.

다시 말해서 기독교의 기도는 소원을 올리는 것이 먼저가 아니라 아버지가 되시는 하나님과의 관계가 먼저입니다. 하나님을 믿고, 그 아들 예수 그리스도를 믿기 때문에 기도를 드리는 것입니다. 우리가 하나님의 자녀가 되었기 때문에 기도할 수 있는 특권이 생긴 것입니다.

보통, 기도를 대화라고 합니다. 하나님과 우리의 인격적인 대화가 기도입니다. 인격이라는 것은 무엇보다도 부모하고 자녀가 자연스럽게 대화를 나눈다는 것을 의미합니다. 부모님과 어린 자녀가 대화를 나누듯이 하는 것이 바로 기도입니다. 그래서 기도는 어린 아이가 부모에게 칭얼거리듯이 하는 것도 맞고, 무엇을 해 달라고 조르는 것도 맞습니다. 부모님들이 아이들과 대화를 나눌 때 격식에 맞지 않아도 그냥 내 아이이기 때문에 그 대화가 즐겁지 않습니까? 바로 이와 같이 기도는 대화 자체로 하나님을 기쁘시게 할 수 있습니다.

기도가 부모와 자녀 사이에서 이루어지는 대화 같다는 것이군요. 기도의 또 다른 점이 있다면 무엇일까요?

또 기도는 하나님의 뜻을 알아가는 과정입니다. 내가 원하는 것을 하나님이 이루어 주는 것에서 기도가 끝나지 않습니다. 기도가 대화라고 했죠. 그래서 대화는 한 사람이 일방적으로 말하는 것이 아니라 서로 이야기를 나누는 것입니다. 이처럼 기도를 할 때 내 말만 하는 것이 아니라 하나님이 원하시는 것이 무엇인지를 깨닫는 것이 중요합니다. 내 욕심으로는 하고 싶지만, 그것은 정말 내 욕심이고 하나님이 원하시는 것은 그것이 아니라는 것을 사람들은 기도를 통해서 깨달을 때가 있습니다. 우리가 하나님께 기도할 때 옳지 않은 것에 대해서 자꾸 회피를 합니다. 하나님 보기에 민망한 것이죠. 그러면서 내 소원이 욕심이었다는 것을 깨닫게 됩니다.

또 우리는 기도하면서 하나님의 심성을 닮아갑니다. 우리 인간은 작아서 자기밖에 모릅니다. 자기 가족, 자기 친척, 자기 친구밖에 모르는 것이죠. 그런데 하나님은 이 세계의 모든 사람을 생각하십니다. 이 인류가 모두 구원받기를 원하시고, 모든 인류가 다 인간답게 잘 살기를 기대하십니다. 우리가 기도를 통해 하나님과 대화를 나누다 보면 그분의 심성을 본받아서 세계를 품고 기도하게 됩니다. 비록 내가 처한 처지가 넉넉하지 않고, 힘이 들지라도 다른 사람들을 돌아보게 해 달라고 기도하는 것이죠. 그것이 바로 하나님의 심성을 본받게 된 결과입니다.

그러면 기도할 때 어떤 순서로 해야 하나요?

앞에서 기도를 대화라고 했죠. 그래서 이야기하듯이 하면 되지만 어느 정도 형식을 갖추어서 기도하는 것이 좋습니다. 다음과 같은 순서로 기도하면 좋을 것 같습니다.

첫째는 우리의 대화 상대이자 우리의 기도를 들으시는 하나님을 부르는 것입니다. "하나님 아버지" 이렇게 부르기도 하고, "은혜로우신 하나님" 이렇게 부르기도 합니다. 또는 자신이 생각하는 하나님의 명칭이나 이름을 곁들여서 하나님을 부르는 경우도 많습니다. 그리고 그 하나님께 감사를 드립니다. 지금까지 지내온 일들과 하나님의 도우심에 대해서 감사를 드리고, 하나님을 찬양합니다. 높으신 하나님을 찬양하고 높여 드리는 것이죠. 이때 우리는 역사를 주관하시는 하나님, 이 세상을 만드신 하나님, 우리를 구원해 주신 하나님을 찬양합니다.

둘째는 하나님의 뜻이 이 땅에 이루어지기를 기원합니다. 우리의 생각이 아니고 하나님의 생각이 이 땅에 이루어지기를 기도하는 것이죠.

셋째는 회개의 기도를 드립니다. 나를 깨끗이 하고 하나님을 만나려면 우리의 죄를 고백하고 용서를 구해야 합니다. 적은 것이라도 우리가 그 죄를 마음에 가지고 있으면 하나님을 만날 수가 없습니다. 그렇지만 우리가 그 죄를 고백하면 하나님께서는 모든 것들을 용서해 주십니다. 우리가 고백하고 용서를 구하는 순간, 동쪽이 서쪽에서 먼 것과 같이 우리의 죄도 멀리 사라진다고 하나님은 약속하셨습니다. 이 약속을 믿고 자신의 죄를 고백해야 합니다.

넷째, 이 고백과 같이 자신의 이야기를 하나님께 풀어드리는 것입니다. 아이들이 학교에서 어떻게 지냈는지, 힘든 일이 무엇인지, 기쁜 일이 무엇인지, 슬픈 일이 무엇인지 부모님께 이야기하듯이 하나님께 나의 이야기를 내어 놓아야 합니다. 내가 진 힘든 짐들을 하나님께 쏟아 놓으면 긍휼하신 하나님께서는 우리의 짐을 벗어 자신이 대신 져 주십니다. 예수님께서도 "수고하고 무거운 짐 진 자들아 다 내게로 오라 내가 너희를 쉬게 하리라"고 말씀하셨습니다. 기도는 우리와 이야기를 함께 나누시는 하나님의 은혜를 체험하는 시간입니다.

다섯째, 우리의 기도제목을 이야기합니다. 우리의 소원을 가지고 기도하는 것이죠. 아마 이 부분이 우리에게 가장 중요할지 모르겠습니다. 숨길 수 없는 인간의 본성 때문입니다. 이때는 하나님께 어린아이와 같이 기도하시기를 바랍니다. 소원하는 것을 꼭 들어주시기를 간구해야 합니다.

그리고 여섯 번째는 마치면서 "예수님 이름으로 기도합니다. 아멘"이라고 기도를 마쳐야 합니다.

기도를 할 때 "예수님 이름으로 기도합니다. 아멘"이라는 말을 하고 마치는데요, 무슨 의미인가요?

우리가 "예수님 이름으로 기도합니다"라고 기도를 마치는 것은 예수님이 하나님과 우리 사이의 중보자가 되시기 때문입니다. '중보자'(仲保者)라는 것은 둘 사이를 이어주는 사람을 말합니다. 아무래도 하나님은 우리에게 어려운 분이십니다. 그가 어려운 것이 아니라 인간이 죄인이기 때문에 그분을 어려워하는 것이죠. 예수님께서는 바로 이 사이에 오셔서 하나님과 같은 신이시지만 인간의 몸을 입고 이 땅에 나타나셨습니다. 인간의 모든 죄를 짊어지시고 십자가에 달려 돌아가신 것이죠. 그래서 죄인인 우리가 하나님과 직접 대화를 하며 기도할 수 있게 됐습니다.

그렇기 때문에 우리가 기도할 때에 예수님의 이름으로 기도하는 것입니다. 예수님의 그 희생과 능력에 의지해서 기도하는 것이죠. 예수님의 이름에는 구원의 능력, 치유의 능력, 생명의 능력이 있습니다. 그가 우리를 위해 치르신 그 희생으로 우리에게 이런 능력이 예수님의 이름으로 허락된 것입니다. 우리가 그의 이름으로 기도하는 것은 바로 이런 능력을 기대하는 것입니다.

그리고 '아멘'이라는 것은 이스라엘의 오래된 말입니다. 그 뜻은 '확실하다', '참되다', '진실되다'는 것으로 우리가 아멘이라고 할 때는 '확실히 그렇게 되기를 원한다'는 의미로 사용합니다. 이 말은 원래 구약시대 유대교 제사의식 때 사용된 말입니다. 그때는 제사장이 하나님의 말씀을 선포하면 백성들이 아멘으로 대답했습니다. 선포된 하나님의 말씀을 믿고 그 말씀대로 순종하겠다는 의지의 표현이었습니다.

이것을 기독교에서 배워서 찬송의 끝이나 설교 중에, 그리고 기도를 마치면서 쓰게 됐습니다. 찬송을 부르면서 아멘이라고 하는 것은 '정말로 그러합니다'라고 하나님을 찬양한다는 말에 동의한다는 뜻입니다. 설교를 들으면서, 또는 성경을 읽으면서 아멘을 하는 것도 '하나님의 말씀이 옳습니다, 하나님의 말씀이 진리입니다'라는 표현입니다. 그리고 기도를 마치면서 아멘을 하는 것은 우리의 기

도가 진실하고 옳다는 자신에 대한 확신이며, 우리의 기도를 들어
주시기를 하나님께 간절히 고백하는 것입니다.

 그러면 우리가 기도할 때는 어떻게 해야 하나요?

기도할 때는 먼저 눈을 감습니다. 꼭 눈을 감고 기도하라는 법은 없
습니다. 우리가 쉬지 않고 기도하려면 일을 하면서도, 공부를 하면
서도 기도를 해야 합니다. 눈을 감는 이유는 눈을 감아야 집중할 수
있기 때문입니다. 아무래도 눈을 뜨면 눈에 보이는 것들 때문에 우
리의 마음을 빼앗길 때가 많습니다. 그러면 집중해서 기도에 전념
할 수 없죠. 따라서 눈을 감아야지만 우리의 마음이 열릴 때가 많고

은혜(GRACE), 에릭 엔스트롬(Eric Enstrom) 作.

〈노인과 식탁의 기도〉라는 일명 조지 풀러의 기도라고 알려져 있는 이 그림은 미국의 사진작가 에릭 엔스트롬이 탄광촌에서 1918년에 찍은 작품을 그의 딸이 그린 그림. 엔스트롬은 노인을 보면서 가진 것은 없지만 감사할 줄 아는 마음을 가진 사람이 더 많은 걸 가졌다고 고백했다고 한다.

마음의 소리에 귀를 기울일 수가 있습니다. 그 소리라는 것은 바로 하나님의 음성이겠죠. 그래서 보통은 눈을 감고 기도합니다.

보통 기도할 때는 손을 모읍니다. 우리의 마음을 모은다는 의미로 두 손을 모으는 것입니다. 또 하나님과 우리가 하나가 된다는 의미이기도 합니다.

기도할 때는 소리를 내서 하기도 하고 조용히 묵상하면서 하기도 합니다. 하나님은 부르짖는 기도를 들으시기도 하고, 조용히 대화하듯이 나누는 기도를 들으시기도 하십니다. 정말 속이 타들어갈 때는 '통성기도'라는 큰소리로 부르짖는 기도를 하기도 합니다.

중요한 것은 때를 정해서 기도하는 것이 좋습니다. 새벽 시간이든, 아침 시간이든, 밤 시간이든 규칙적으로 기도할 수 있는 시간을 정하는 것이 중요합니다. 한국교회는 새벽기도의 전통이 있어서 새벽에 깨어서 첫 시간을 기도로 시작합니다. 정해진 때에 하나님께 기도드리는 것이 중요합니다.

하나님이 우리의 기도를 들어주실까요?

정말 어린아이와 같이 기도하는 것이 중요합니다. 원하는 것이 있으면 하나님께 달라고 하세요. 아이가 부모와 이야기하는데 격식이 무슨 필요가 있습니까. 하나님은 정말 우리의 아버지가 되셔서 모든 것을 들어주시는 하나님입니다. 저는 '하나님께 올해 안에 제가 소원하는 몇 가지 기도제목을 들어주세요'라고 기도합니다. 정말 하나님이 들어주시는지 기대를 하면서 기도하는데, 하나님은 제 기도를 들어주십니다. 그러면 얼마나 감사하고 기쁜지 모릅니다.

처음 믿으시는 분들은 하나님께 믿음을 달라고 기도해 보세요. 믿는 마음이 생기지 않아서 못 믿겠는데 정말 믿고 싶다고 기도하시면 성령님께서 여러분의 기도를 들으시고 믿음을 주실 것입니다. 그리고 간절히 매달려 기도하시기 바랍니다. 하나님은 우리의 신음 소리를 들으시는 분이십니다.

 지금까지 드렸던 나의 기도 방법과 의미에 대해서 생각해 봅시다.

 기도를 통해서 느꼈던 경험들과 하나님께서 들어주신 응답을 생각해 봅시다.

 나의 구체적인 기도 시간과 장소를 결심하고, 기도제목을 써 보세요.

3장 성경은 어떤 책인가요?

모든 성경은 하나님의 감동으로 된 것으로
교훈과 책망과 바르게 함과 의로 교육하기에 유익하니 ●디모데후서 3장 16절

 먼저 성경은 어떤 책인가요?

보통 우리는 성경을 한 권의 책으로 알고 있습니다. 그런데 성경 안에는 작은 책들이 들어 있고 그것을 하나로 묶은 것이 성경입니다. 예를 들어 창세기도 한 권의 책이었고, 마태복음도 한 권의 책이었고, 요한계시록도 한 권의 책이었습니다. 옛날에는 바로 이런 책들이 두루마리에 적혀 있었고, 각 권이 하나의 두루마리로 된 한 권의 책이었습니다. 성경은 바로 이런 책들이 묶여 있는 것입니다.

성경 안에는 구약에 39권, 신약에 27권, 전체적으로 66권이 들어 있습니다. 우리는 흔히 3×9=27, 39+27=66, 이런 연산법칙을 사용해서 66권으로 쉽게 외우고 있습니다.

성경의 구약에는 하나님의 백성인 이스라엘의 역사, 이스라엘의 율법도 있고, 격언이나 명언, 기도시와 철학서적도 들어 있습니다. 하지만 성경에는 하나님께서 이스라엘 백성을 어떻게 사랑하시는지가 드러나고, 인류를 어떻게 구원하시는지가 나타나 있습니다. 그리고 신약의 복음서에는 예수님이 이 세상에서 어떤 일을 하셨는지, 그리고 무슨 말씀을 하셨는지가 기록되어 있습니다.

복음서 신약 중에서 마태복음, 마가복음, 누가복음, 요한복음 4복음서에 대한 총칭. 예수님의 가르침과 생애를 그의 제자들이 기록으로 남긴 책. 예수님이 인간을 구원하시기 위해서 오셨다는 기쁜 소식을 기록했기 때문에 복음서(福音書)라고 부른다.

그 이후에는 사도들의 행적이 나오고 사도들이 교회에 쓴 편지들이 있는데, 그 편지에는 가르침과 함께 기독교의 핵심적인 교리들이 들어 있습니다. 그리고 마지막으로 요한계시록에서 역사의 마지막이 어떻게 이루어지고 결말이 나는지를 예언하고 있습니다.

성경 66권의 책은 1600년 동안 40여 명의 저자에 의해서 쓰여졌습니다. 이것을 보면 이 성경이 얼마나 위대한 책인지를 알 수가 있습니다. 많은 저자들이 한 시대도 아니고 1600년 동안 쓴 책인데도, 하나님과 그 아들 예수 그리스도에 대해서 일관되게 증거하고 있기 때문입니다. 참 놀라운 일입니다.

그러면 이 오래된 책이 오늘날 우리들의 손에 어떻게 전해지게 됐나요?

이 과정도 참으로 놀랍습니다. 이렇게 여러 권의 책들이 우리 손에 들려지기 위해서 아주 오랜 역사를 지나 왔습니다. 이미 말씀드렸듯이 옛날에는 여러 권의 거룩한 문서들이 있었습니다. 성경에 들어 있는 책 외에도 많은 책들이 있었죠. 그런데 우리 믿음의 조상들이 기원전 3세기에 그 여러 권의 책 중에서 39권을 추려서 하나님의 계시를 담은 구약이라고 결정했고, 기원후 4세기에 이르러서야 27권을 신약으로 정했습니다.

이렇게 성경으로 인정된 책들이 사람들의 손에 의해서 복사되었습니다. 이것을 필경이라고 하는데, 성경을 직접 손으로 쓴 것입니다. 인쇄기가 발명된 것이 1500년대이므로 3000년 동안 사람들이 성경을 손으로 써서 후손들에게 전해 주었습니다. 참 놀라운 일이 아닙니까.

더 놀라운 사실은, 이 3천 년 동안 성경이 그 내용이나 쓰임새가 변하지 않고 우리에게 전달됐다는 것입니다. 우리는 이런 사실에 대해서 그리 놀라지 않는데, 옛날 역사책을 보면 같은 책인데 전혀 다른 내용이 있는 경우를 보셨을 것입니다. 그 이유는 정권을 잡은 왕들이 자신에게 유리하게 역사책을 바꾸어서 기술했거나 과거의 책을 다 없애버리고 새로운 책을 만들었기 때문입니다. 권력자들은 모두 그러한 유혹을 가지고 있습니다. 역사를 자기에게 유리하게 만드는 것이죠.

그런데 성경을 보면 그러한 변화나 왜곡이 없습니다. 성경에 보면 위대한 왕들의 치부가 다 드러나고 있습니다. 우리가 잘 아는 다윗 왕의 경우는 부하의 아내를 후궁으로 취하고, 그 남편인 충성된 신하를 전쟁터에서 죽게 만든 이야기가 나옵니다. 그리고 예언자 나단에게 꾸중을 듣고, 하나님께 벌을 받는 이야기도 나오죠. 이스라엘 역사에서 가장 위대한 왕인 솔로몬도 바로 그 후궁의 아들입니다. 어두운 출생임에도 불구하고 그런 사실이 숨김없이 나와 있습니다. 이것이 기원전 천 년 전의 일인데, 이때가 청동기 시대입니다. 우리나라 역사를 보면 나라를 세운 분들은 알에서 깨어나기도 하고 뭔가 신비로운 신화가 가미된 탄생설이 있습니다. 그런데 성경에 나오는 유대 왕들은 인간적인 어두운 부분을 숨기지 않고 적나라하게 드러내고 있죠.

이것이 무엇을 말하는가 하면, 이스라엘 민족은 자신들의 역사를 하나님의 계시이자 말씀으로 받아들였다는 것입니다. 다윗 왕의 자손들이 후대에 대대손손 왕이었는데도 이들 역시 자기 조상의 어두운 부분을 손대지 않았습니다. 그 역사를 자신들의 이야기가 아니라 하나님의 계시라고 믿었기 때문입니다.

이스라엘 사람들은 성경을 너무나도 귀하게 여겼습니다. 여기에 하나님의 계시가 있고, 말씀이 있다고 믿었기 때문입니다. 이런 전통이 기독교에도 전해졌습니다. 그래서 사람들은 성경을 귀하게 여기고 성경의 내용이 변하지 않도록 노력을 기울여 왔습니다.

당시에는 인쇄기가 없던 시절이었기 때문에 손으로 성경을 쓸 수밖에 없었습니다. 그래서 옛날 수도원에는 이 성경을 필사하는 일을 아주 중요하게 여겼습니다. 한 사람이 성경을 불러 주고 여러 사람이 그것을 받아쓰는 형식으로 성경을 받아 적었습니다. 그런데 옛날 성경을 보면 커다란 종이나 양피지, 즉 양의 가죽을 얇게 펴서 만든 종이에 성경의 본문을 다 쓰지 않고 가운데 몰아서 써 놓고 주변에 여백을 많이 두었습니다. 성경을 쓰다보면 맞춤법이 틀릴 수도 있고 잘못 썼을 경우도 생길 수 있습니다. 그러면 우리 믿음의 조상들은 성경을 읽다가 잘못된 부분을 곧바로 고치지 않고 성경의 여백에 어느 부분이 잘못됐다고 표시를 했습니다. 물론 자기가 볼 때는 틀린 것이 맞지만 혹시 자신이 잘못 알았는데 함부로 고치다 하나님의 말씀을 틀리게 만들 수 있기 때문에 이렇게 한 것입니다.

이렇게 성경은 신약을 기준으로 해도 천 년이 넘게 손에서 손으로 이어서 내려왔습니다. 이런 노력이 있기 때문에 하나님의 말씀인 성경이 오늘날 우리 손에 이렇게 전해진 것이죠. 이런 노력이 있었기 때문에 3000년 전 성경과 오늘의 성경이 다르지 않고 그대로 전해질 수 있었던 것입니다.

그러면 이들이 왜 이런 노력을 기울였을까요? 그것은 성경이 살아 계신 하나님의 말씀이기 때문입니다. 살아 계신 하나님의 말씀에 대해서 믿음의 조상들은 두려움을 가지고 있었습니다. 그 두려움 때문에 말씀에 감히 손을 댈 수 없었고, 그 거룩함이 오늘날까지 이어져 내려온 것입니다.

그래서 성경이 위대하군요. 기독교가 성경을 귀중하게 여기는 이유를 알 것 같네요.

맞습니다. 성경이 살아 계신 하나님의 말씀이기 때문에 성경을 읽고 삶이 변화되고, 하나님을 믿게 되는 사람이 나타나는 것입니다. 그래서 전도하는 사람들은 성경을 사람들에게 전해 주려고 애를 씁니다. 우리나라도 기독교가 전파되기 전에 영국의 선교사가 조선에 복음을 전하기 위해 온 적이 있었습니다. 그런데 조선의 군대에 의해서 그가 탄 배가 침몰하고 말았죠. 선교사는 극적으로 헤엄을 쳐서 대동강변에 나왔습니다. 그때 그가 가지고 들어온 것이 한문 성경이었는데 대동강 모래사장에서 죽기 전에 가져온 성경을 자신을 죽이는 망나니에게 전해 주었다고 합니다. 그런데 그 망나니를 통해 성경이 전해졌고 그 성경을 읽고 예수를 믿게 된 사람이 나왔다고 합니다. 그분의 이름이 토마스 선교사인데 그가 죽을 당시 나이가 27살이었습니다. 어쩌면 그는 27년 동안 선교를 준비해서 조선

로버트 저메인 토마스(Robert Jermain Thomas, 1840~1866) 조선에 맨 처음 복음을 전하러 온 선교사이자 제너럴 셔먼호 사건으로 대동강 모래사장에서 처형당한 최초의 순교자.

땅에 들어왔지만 성경 한 권 전해 주고 죽은 것입니다. 그래도 그의 죽음이 헛되지 않아서 조선 땅에 복음이 전해지고, 예수 믿는 사람이 나타나는 귀한 역사가 일어났습니다. 이것이 바로 살아 계신 하나님의 말씀인 성경의 능력입니다.

 그러면 우리나라에는 성경이 어떻게 전해졌습니까?

선교 역사에서 우리나라는 특별한 나라입니다. 보통은 선교사들이 어떤 나라에 가면 그 나라 사람들의 말을 배워서 그 나라 말로 성경을 번역합니다. 그런데 우리나라는 선교사들이 들어오기 전에 중국과 일본에서 성경을 부분적으로 번역해서 들어왔습니다. 즉 선교사들이 들어오기 전에 조선 사람들에 의해서 성경이 번역된 것이죠.

선교사들이 한국에 들어올 때 한문 성경을 가지고 오면 손쉬웠을 것입니다. 한문 성경은 이미 중국에 있었기 때문입니다. 그런데 선교사들이 한글로 성경을 번역해서 조선에 온 것은 한문을 모르는 민중들에게 복음을 전하기 위해서였습니다. 조선에는 이미 세종대왕께서 400년 전에 쓰기 좋은 한글을 만드셨는데 양반들이 그 글을 천하다고 쓰지 않았습니다. 글을 읽고 쓴다는 것은 양반들의 특권이었고, 낮은 계급의 사람들은 글을 배우지도 못하게 한 것입니다.

선교사들은 이런 사실을 알고 사람들이 배우기 쉽고, 읽고 쓰기 쉬운 한글로 성경을 번역했습니다. 그래서 선교사들은 조선에 와서 먼저 한글 교육을 시켰습니다. 성경을 가르치기 위해서 먼저 글을 가르친 것이죠. 이렇게 한글을 가르쳐서 사람들을 일깨워 주었습니다. 그때부터 사람들은 책을 읽게 되었고, 공부를 하고, 기록을 남길 수 있었습니다. 한글을 배우는 게 너무 좋아서 예배가 시작되기 한두 시간 전에 먼저 한글을 배우는 시간을 가지기도 했습니다. 한글을 배우려고 많은 사람들이 교회를 찾아왔다고 합니다. 기독교가 조선 땅에서 한 위대한 일 중 하나라고 봅니다.

성경을 통해서 복음을 받아들이고, 그 가운데 한글을 배워서 민족이 계몽되고 깨어나게 된 것이죠. 이렇게 깨우친 백성들은 성경을 열심히 공부하고 사모했습니다. 호주 선교사인 데이비스라는 분은 1890년에 쓴 자신의 일기에서 '조선 사람들의 책에 대한 열정은 지금껏 본 적이 없을 정도로 대단했다'고 말했을 정도입니다. 그만큼 조선 사람들은 지식에 목말라 있었고, 공부에 한이 맺힌 사람들이었습니다. 그리고 책과 학문을 중시하는 민족이었습니다. 기독교가 이 길을 열어준 것이죠.

그러면 성경을 읽는 법이 따로 있나요?

성경을 읽는 법이 따로 정해지지는 않았지만, 보통은 두 가지 정도로 나누고 있습니다. 먼저는 통독(通讀, 처음부터 끝까지 내리읽음)입니다. 성경을 빠른 속도로 읽는 것을 통독이라고 합니다. 이렇게 읽으면 성경을 전체적으로 이해하는 데 도움이 됩니다. 성경이 여러 저자에 의해서 다양하게 쓰인 책이라 아무래도 띄엄띄엄 읽으면 맥을 잡기 어렵습니다. 그래서 통독을 하면 성경 전체를 먼저 이해하는 데 도움이 됩니다.

그리고는 성경을 깊이 있게 묵상(默想)하는 것입니다. 몇 구절이나, 성경의 한 장을 읽고 깊이 생각하는 것이죠. 그 말씀이 어떤 뜻인지, 그리고 나에게 말씀하시는 바는 무엇인지 고민해 보는 것입니다. 이것을 조용히 생각한다고 해서 묵상이라고 합니다. 이렇게 해서 말씀을 내 안으로 끌어들일 수가 있습니다. 말씀과 하나가 되는 경험을 하는 것이죠.

> **QT** Quiet Time의 약자로 하나님과 개인적으로 만나는 시간을 말한다. 정해진 시간과 장소에서 성경을 깊이 읽고 묵상해서 우리 생활에 적용하는 경건한 신앙 훈련으로 널리 알려져 있다.

또 하나, 성경을 베껴 쓰는 필사(筆寫)가 있습니다. 성경을 손으로 베껴 쓰는 것인데 이렇게 하면 성경에 집중할 수 있어서 또 다른 하나님의 역사를 경험할 수 있습니다.

그리고 성경을 읽기 전에는 간단하게 '하나님, 오늘 하나님의 살아 있는 말씀인 성경을 읽습니다. 성령님께서 인도해 주셔서 말씀의 뜻을 깨닫게 해 주시고, 이 말씀을 통해서 오늘 저의 삶에 당신이 말씀하시는 뜻을 알게 해 주세요'라고 기도합니다. 그리고 성경을 읽고 성경 가운데 깨달은 것을 가지고 하나님께 감사하고, 그렇게 살 수 있도록 도와달라고 하나님께 간구하며 기도합니다. 그러면 하나님께서 말씀을 통해 많은 것을 이루어 주실 것입니다.

 이젠 알아요!

 우리에게 주어진 성경의 의미와 가치에 대해서 생각해 봅시다.

 하나님의 살아 있는 말씀인 성경을 통해서 내 삶이 어떻게 변화되길 원합니까?

 성경을 읽으며 감동을 받았거나 그 말씀대로 살아야겠다고 결심하게 만든 구절이 있으면 나누어 봅시다.

4장 찬송가는 무엇인가요?

호흡이 있는 자마다 여호와를 찬양할지어다 할렐루야
● 시편 150편 6절

교회에서는 노래 부르는 것을 참 좋아하는 것 같습니다. 찬송이라는 노래를 부른 역사가 오래되었지요?

기독교는 처음부터 찬송을 불렀다고 보는 것이 옳습니다. 구약시대를 봐도 이스라엘의 12지파 중에 레위지파를 하나님께서 특별히 선택해서 그들이 찬양을 드리도록 했습니다. 이들은 성전에서 하나님께 찬양하는 일을 했습니다. 그만큼 하나님은 사람들이 자신을 향해서 찬양하고, 노래하는 것을 좋아하셨다고 볼 수 있습니다. 그래서 하나님의 백성들도 노래하고 찬양하는 것을 좋아하게 된 것이죠.

　신약시대에도 성도들은 다 함께 모여서 찬송을 부르기도 하고, 개인적으로도 하나님을 찬양하기도 했습니다. 대표적인 사건이 바울과 실라가 빌립보 감옥에 갇혔을 때 찬송을 불렀다는 이야기가 나옵니다. 감옥에 갇힌 어려운 상황 속에서 이 두 사람은 노래를 부르며 그 고통을 참았습니다. 놀라운 일은 이렇게 찬송을 부르는 가운데 기적이 일어나서 감옥 문이 열렸다는 것입니다. 하나님께서 찬송하는 자에게 은혜를 베푸시고 기적을 베풀어 주십니다.

　이후 교회는 끊임없이 찬송가를 만들었고 시대에 맞춘 음악에 가사를 붙여서 찬송을 불렀습니다. 특히 종교개혁이 일어난 뒤 대중적인 음악에 맞춘 찬송가들이 만들어져서 사람들이 더욱 즐겁게 찬송을 부를 수 있었습니다.

　이렇게 음악을 좋아하는 영향 때문인지 기독교가 널리 퍼진 나라에서는 음악이 발달했습니다. 서구 나라들을 보면 악기도 다양하고, 음악의 형태도 다양한데 이런 것이 바로 찬송을 좋아하는 기독교의 영향이라고 볼 수 있습니다.

그러면 한국에서는 찬송가가 어떻게 발전했나요?

한국에서는 선교사들이 들어오면서 현대식 서양음악을 배우게 됩니다. 1892년에 처음 '찬미가'(讚美哥)가 만들어지고, 1894년에 언더우드 선교사에 의해서 찬송가가 만들어집니다. 배재학당과 같이 선교사들이 세운 학교에서는 다른 과목과 함께 창가라고 하는 노래를 부르는 시간이 있었는데 이때 찬송가를 가르쳐 주었다고 합니다. 현대식 서양음악을 처음 배웠던 것이죠.

이후에 각 교단마다, 교파마다 찬송가를 따로 만들었는데, 1983년 한국의 모든 교회가 똑같은 찬송가를 부를 수 있게 하려고 처음으로 통일찬송가를 만들었습니다. 그래서 우리가 어느 교회를 가도 같은 찬송가책으로 같은 찬송을 부를 수 있게 됐습니다. 그리고 얼마 전에는 21세기 찬송가가 새롭게 개정되었는데, 총 645곡이 들어 있고, 그중 한국인이 만든 노래도 128곡이 들어 있습니다.

그러면 현재 찬송가에는 어떤 곡들이 들어 있나요?

가장 먼저 찬송가는 그 성격에 따라서 분류를 했습니다. 맨 처음 예배의 순서에 맞추어서 부르는 곡이 나옵니다. 그리고 하나님 아버지이신 성부(聖父), 그 아들이신 성자(聖子), 그리고 그의 영이신 성령(聖靈)에 대한 찬양의 곡들이 있습니다. 그리고 성경과 교회에 대한 찬양이 있고, 세례나 성찬 같은 성례 때 부르는 곡들이 있습니다.

다음으로 성도들의 삶과 관련된 찬양이 있습니다. 천국, 구원,

세례 물을 가지고 자신의 죄를 씻고 다시 태어난다는 것을 상징하는 의식으로, 연합과 정결의 의미가 있다. 성부, 성자, 성령 삼위의 이름으로 씻는 거룩한 예식으로 우리가 예수님께 속해서 모든 은혜를 얻고 예수님의 사람이 되기를 약속하는 표시. 새 신자들은 세례를 통해서 교회의 정식 구성원이 된다.

그리스도인의 삶, 전도와 선교에 대한 찬송이 그런 것이죠. 행사에 맞춘 절기찬송들도 들어 있습니다. 감사절이나 새해 때 부르는 곡들이죠. 그리고 예식, 경배와 찬양도 있습니다.

　찬송가는 원래 예배 때 부를 수 있는 곡들을 모아서 편집한 것입니다. 그러나 찬송가가 예배 때만 불리는 것은 아닙니다. 우리가 인생을 살면서 겪게 되는 모든 일들이 이 찬송가에 들어 있습니다. 시험에 들었을 때나 괴로울 때, 힘들고 외로울 때, 기쁠 때나 즐거울 때 우리 성도들은 찬송을 부르며 살았습니다.

　예전에 한 탈북인을 만난 적이 있습니다. 그분은 탈북해서 중국에 있는 교회에서 신앙생활을 시작하신 분입니다. 이분이 아무래도 북한에 있을 때 어머니가 신앙을 가지셨던 것 같다고 말씀하셨습니다. 어머니는 자신이 모르는 노래를 항상 흥얼거리셨는데 그 노래가 뭐냐고 물으면 대답은 하지 않으셨다고 합니다. 그런데 자신이 교회를 다니면서 어머니가 흥얼거리셨던 그 노래가 바로 찬송가였다는 것을 알게 됐습니다. 어머니가 예수 믿는 것을 숨기느라 자식들에게도 이야기하지 않았지만 신앙을 가지고 계셨고 삶 가운데 찬송을 부르며 사셨던 것이죠. 이와 같이 찬송은 신앙인에게 떠날 수 없는 중요한 삶의 일부분입니다.

찬송과 함께한 성도들의 다양한 사연들이 있겠네요.

그렇죠. 우리 한국 사람들이 잘 부르는 찬송가 중 '저 높은 곳을 향하여'라는 찬양이 있습니다. 이 찬송은 주기철 목사님이 좋아하시던 찬송입니다. 주기철 목사님은 일제시대 때 천황숭배를 반대했던 분이십니다. 천황이 모셔진 신사를 향해서 절을 하라는 일본에 맞서서 예수를 믿는 사람은 다른 우상을 섬길 수 없다고 저항하시다 모진 고문을 당하시고 돌아가신 분이십니다. 이 분이 즐겨 부르신 찬송이 바로 '저 높은 곳을 향하여'라는 곡인데, 저 높은 곳은 천국을 의미합니다. 이 세상의 고통과 고난을 이기고 천국에 가겠다는 마음이 애절한 곡조와 함께 잘 나타나 있습니다. 제가 이야기하는 것보다도 노래를 들으면서 가사를 보시면 마음에 와 닿으실 것입니다.

주기철(1897~1944) 목사이자 독립운동가. 일제가 강요하는 신사참배를 거부하다 검거되어 10년 형을 선고받았고, 복역 중 옥사하심.

491장

1. 저 높은 곳을 향하여 날마다 나아갑니다
   내 뜻과 정성 모아서 날마다 기도합니다

2. 괴롬과 죄가 있는 곳 나 비록 여기 살아도
   빛나고 높은 저곳을 날마다 바라봅니다

3. 의심의 안개 걷히고 근심의 구름 없는 곳
   기쁘고 참된 평화가 거기만 있사옵니다

4. 험하고 높은 이 길을 싸우며 나아갑니다
   다시금 기도하오니 내 주여 인도하소서

5. 내 주를 따라 올라가 저 높은 곳에 우뚝 서
   영원한 복락 누리며 즐거운 노래 부르리

후렴) 내 주여 내 맘 붙드사 그곳에 서게 하소서
   그곳은 빛과 사랑이 언제나 넘치옵니다

 참 감동적인 곡이네요. 또 다른 곡도 소개해 주세요.

사람들이 좋아하는 찬송가 중에 '예수 사랑하심은'이라는 곡이 있습니다. 저 역시도 아주 좋아하는 찬양입니다. 단순한 가사의 아주 밝고 명쾌한 곡이죠. 예수님께서 우리를 사랑하시고 그 이야기가 성경에 쓰여 있다는 것이죠. 특히 우리는 약하고 연약하나 예수님께서 우리를 떠나지 않고 함께하신다는 신앙고백이 잘 나타나 있습니다.

563장

1. 예수 사랑하심을 성경에서 배웠네
   우리들은 약하나 예수 권세 많도다

2. 나를 사랑하시고 나의 죄를 다 씻어
   하늘 문을 여시고 들어가게 하시네

3. 내가 연약할수록 더욱 귀히 여기사
   높은 보좌 위에서 낮은 나를 보시네

4. 세상사는 동안에 나와 함께하시고
   세상 떠나 가는 날 천국 가게 하소서

후렴)
날 사랑하심 날 사랑하심 날 사랑하심 성경에 쓰였네 아멘

어린아이들도 즐겁게 부를 수 있는 곡조에 단순한 가사지만 마음에 와 닿는 곡이네요. 또 소개해 줄 찬양이 있나요?

얼마 전 제가 신문을 보다가 한국대학생선교회(C.C.C.) 회장을 지내시고 지금은 고인이 되신 고 김준곤 목사님이 쓰신 글을 읽은 적이 있습니다. 1982년 목사님의 둘째 딸이 세 살, 다섯 살 난 두 딸과 남편을 두고 만 29세에 위암으로 돌아가셨습니다. 딸이 죽었으니 얼마나 마음이 아프셨겠습니까. 곧 숨을 거둘 딸을 앞에 두고 그 손을 잡고 있는데 손목이 서서히 굳어지며 차가워졌다고 합니다. 하나님에 대한 원망이 나올 수밖에 없는 상황이죠. 그런데 그 순간 목사님 내면 깊숙한 곳에서 찬송이 울려 퍼졌다는 것입니다.

'거기 너 있었는가 그때에, 주님 그 십자가에 달릴 때, 오 때로 그 일로 나는 떨려 떨려 떨려, 거기 너 있었는가 그때에'

성령님께서 마음을 어루만지시고 위로하시는 찬송이 목사님께 임한 것이죠. 예수님의 십자가 고통과 딸의 고통이 겹쳐지면서 딸의 고통이 이해되고, 예수님의 고통이 이해됐던 것입니다.

147장

1. 거기 너 있었는가 그때에 주님 그 십자가에 달릴 때

2. 거기 너 있었는가 그때에 주님 그 나무 위에 달릴 때
3. 거기 너 있었는가 그때에 주님 그 밝은 빛을 잃을 때
4. 거기 너 있었는가 그때에 주님 그 무덤 속에 뉘일 때

후렴)
오~ 때로 그 일로 나는 떨려 떨려 떨려 거기 너 있었는가 그때에

5. 거기 너 있었는가 그때에 주님 그 무덤에서 나올 때
    때로 그 일로 주께 영광 영광 영광 거기 너 있었는가 그때에

찬송가에 대해서 말씀해 주셨는데, 감동적인 이야기들이 많이 있네요.

찬송은 예배 시간에 하나님을 높여 드리는 찬양입니다. 하지만 또 하나님과 우리가 함께 살아가는 삶을 표현하고 기록한 노래이기도 하죠. 사람들은 찬송이 곡조가 있는 기도라고 합니다. 항상 하나님과 대화를 나누는 도구인 것이죠. 살아가는 동안 찬송을 통해서 위로와 힘을 얻고, 감사와 기쁨을 하나님께 드리시는 여러분이 되시기를 바랍니다.

 성도에게 찬송의 의미가 무엇인지 생각해 봅시다.

 살면서 기억이 나고 힘이 되는 찬송가가 있습니까?

 찬송하는 마음과 자세를 점검해 보고 진정으로 찬송하는 삶에 대해 나누어 봅시다.

5장 헌금은 왜 내야 하나요?

내가 진실로 너희에게 이르노니
이 가난한 과부는 헌금함에 넣는 모든 사람보다 많이 넣었도다 ● 마가복음 12장 43절

교회에 나오면 사람들이 제일 마음에 걸려하는 것이 헌금인 것 같은데요, 헌금의 의미는 무엇인가요?

첫째, 나의 돈이 내 것이 아니라 하나님의 것임을 인정하는 것입니다. 하나님의 주권을 인정하는 것이죠. 우리는 피조물입니다. 하나님께서 우리를 만드셨습니다. 그런데 하나님이 우리를 만드시기만 한 것이 아니라 우리를 돌보고 계십니다. 그런 의미에서 우리는 하나님의 것입니다. 나의 존재뿐만 아니라 내가 가지고 있는 이 모든 것이 다 하나님의 것입니다. 세상의 모든 것이 다 하나님에게서 나왔듯이 내가 가진 모든 것도 다 하나님께서 주셨습니다. 우리는 다만 이것을 맡아서 관리하는 청지기입니다. 우리가 가진 모든 것을 다 하나님께 드릴 수는 없으나 이 사실을 기억하기 위해서 십분의 일을 하나님께 드리는 것입니다. 나의 소유가 아니라 하나님의 소유임을 기억하고 고백하는 것이 바로 우리가 헌금을 드리는 정신입니다.

둘째 의미는 감사입니다. 하나님께서 일주일간 나를 지켜 주셨고 돌보아 주셨다는 사실에 감사하는 것입니다. 하나님께서 나를 구원해 주시고 자녀 삼아 주셨다는 사실에 감사하는 것입니다. 저는 이 부분을 생각하면서 우리가 첫 월급을 타면 내복을 사서 부모님께 선물을 드리는 모습을 상상하게 됩니다. 선물이 왜 내복인지는 모르겠지만 선물을 통해서 우리가 표현하고 싶은 것은 "부모님께서 이렇게 길러주셔서 이제 월급을 타게 되었습니다"하는 감사의 마음이라고 생각합니다.

내복의 가격이나 품질이 중요한 것이 아닙니다. 자식이 성인으로서 자신의 앞길을 개척해 가는데, 자기가 잘나서가 아니라 부모님이 키워 주신 덕분이라는 것을 고백하는 상징적 행동입니다. 우리가 헌금을 드리는 것도 이와 같습니다. 하나님이 보호해 주시지 않으면 내가 존재할 수 없다고 고백하며 감사하는 것입니다.

셋째 의미는 헌신입니다. 예수님의 몸 된 교회를 위해서 우리가 희생하는 것입니다. 우리가 헌금을 내서 교회가 세워지고 운영이 됩니다. 탈무드에 보면 남자 열 명이 모이면 회당을 세울 수 있도록 했습니다. 보통 남자 열 명이 십일조를 내서 한 명의 랍비를 세울 수 있기에 가능한 일입니다. 우리는 헌금을 통해서 교회의 일에 참여하게 됩니다. 교회가 요구하고 있는 다양한 사역에 우리가 다 참여할 수 없지만 헌금을 통해서 참여하고 헌신하는 것입니다.

헌금을 하는 의미는 하나님의 주권을 인정하는 것, 그리고 감사, 헌신 이렇게 세 가지 정도로 생각해 볼 수 있겠네요. 그러면 실제적인 의미가 더 있을까요?

헌금을 통해서 교회라는 공동체를 세우는 것도 중요한 의미라고 생각합니다. 다른 단체를 보면 회비라는 것이 있습니다. 어느 단체에 소속되면 일정한 금액을 정해서 내도록 되어 있습니다. 그런데 교회는 그런 단체들과는 다릅니다. 모두가 내는 정해진 회비라는 것이 없습니다. 대신 교회라는 조직이 움직이기 위해서 헌금을 내는 것입니다.

이 헌금은 자신이 버는 것에 비례해서 내라고 합니다. 정해진 금액이 아니라 자신의 형편과 처지에 따라서 내는 것이죠. 가난한 자는 적게 내고 부요한 자는 많이 내는 것이 바로 기독교의 정신입니다. 이를 통해서 공동체의 정신을 구현하는 것입니다.

이러한 정신을 가장 잘 보여 주고 있는 성경말씀이 바로 성전에서 두 렙돈을 헌금함에 넣은 과부에 대한 이야기입니다(마가복음 12:41~44). 예수님은 성전에서 헌금함에 두 렙돈을 넣는 여인을 보면서 모든 사람보다 이 여인이 낸 헌금이 더 많다고 제자들에게 가르치셨습니다. 여기서 렙돈이라고 하는 것은 이스라엘에서 가장 작은 돈의 액수였습니다. 오늘날로 치면 몇 백 원에 해당하는 돈일 수 있습니다. 그러나 여인에게 이 돈은 자신의 생활비 전부였다고 예수님은 말씀하신 것입니다. 그리고 이것이 귀한 헌금이라고 말씀하십니다. 액수가 많아서가 아니라 과부였던 여인에게 그 돈은 소중하다는 것입니다.

이런 헌금을 통해서 교회라는 공동체가 설 수 있습니다. 가난한 자나 부자나 자신의 귀중한 헌금을 통해서 교회의 사역에 참여하게 되고, 공동체의 주인으로 서게 되는 것입니다. 또한 헌금을 통해서 교회 일들이 이루어지고, 교회를 통해서 가난한 자들이 도움을 얻게 되는 것입니다. 이를 통해서 가난한 자들과 약한 자들이 더불어 살게 되는 공동체가 될 수 있습니다.

헌금은 교회를 유지하고 목회자들이나 직원들같이 교회가 직장인 사람들을 위해서도 사용되지만, 복음이 선포되어지고 하나님의 나라가 이루어지는 일들을 위해서도 사용되어집니다. 헌금을 통해서 교회의 여러 사역에 참여할 수 있는 것입니다. 현대사회로 오면서 교회의 역할이 점점 늘어나고 있습니다. 교회는 이 사회에서 그냥 존재하는 것이 아니라 다양한 모습으로 봉사하고 참여하고 있습니다.

요즘 교회를 보면 전통적으로 해오던 구제사역 이외에도 유치원, 노인대학, 도서관, 카페, 공부방, 문화센터, 아동보호시설 등 다양한 봉사를 하고 있습니다. 그리고 적극적인 교회들은 지역사업에 발 벗고 나서서 참여하기도 합니다. 주민자치센터를 통해서 지역의 독거노인이나 소년소녀가장 등을 돕는 일을 하기도 하고 지역의 현안을 위해서 함께 수고하기도 합니다.

이렇게 교회 별로 하는 일 이외에도 기독교 관련단체들도 다양한 일을 합니다. 최근 우리가 봤던 것처럼 지진으로 큰 난리를 겪고 있는 아이티를 돕기도 하고, 태안의 기름유출사고가 났을 때는 온 한국교회가 나서서 기름을 닦는 일도 했습니다. 그리고 해외에 선교를 하기도 하고, 농어촌 지역의 미자립교회들을 돕기도 합니다.

한국의 대표적인 구호기관인 월드비전, 굿네이버스, 기아대책본부, 컴패션, 해비타트 등이 모두 기독교에서 시작된 단체라는 사실은 결코 우연이 아닙니다. 이 모든 것이 다 교회의 도움을 받아서 시작할 수 있었습니다. 헌금은 이렇게 우리가 알게 모르게 다양한 사역을 위해서 사용되고 있습니다. 우리는 헌금을 통해서 교회가 하고 있는 이런 일들에 간접적으로 참여하게 되는 것입니다.

저는 우리가 헌금을 통해서 교회의 비전에 동참한다고 생각합니다. 교회가 제시하고 있는 비전과 그 비전을 위한 사역을 위해서 헌금을 하는 것입니다. 이것을 통해서 교회의 비전이 이루어지고, 그 비전에 따른 사역들을 감당할 수 있습니다. 그래서 우리가 헌금을 할 때는 그냥 할 것이 아니라 교회가 제시하는 비전이 무엇인지, 그리고 현재 교회가 감당하고 있는 사역이 무엇인지를 잘 알고 해야 합니다.

특히 교회가 제시하고 있는 사역을 위해서 헌금을 할 때는 더욱 관심을 가져야 합니다. 그래서 교회가 성도들이 어떤 일에 참여하는지를 알게 하고, 교인들이 이루는 비전이 무엇인지를 알려줘야 합니다. 이것이 바로 민주주의의 원칙입니다. 헌금을 통해서 교회의 민주주의를 이루어가는 것입니다.

우리가 교회 일에 매번 투표하고 의견을 말할 수 없지만, 이러한 사역을 위한 헌신을 통해서 우리가 지지하는 사역이 무엇인지를 표현하는 것입니다. 그리고 이러한 헌신을 통해서 교회의 비전에 동참하게 되는 것입니다.

독일에는 '종교세'가 있습니다. 독일에는 국민들이 주민등록을 만들 때 자신의 종교를 표시하게 되어 있습니다. 즉 자신이 개신교이면 개신교로, 천주교면 천주교로 표시하는 것입니다. 그러면 국가에서는 이들에게 종교세를 부과해서 걷게 됩니다. 보통 이러한 세금은 소득세의 10% 정도 됩니다. 결국 수입의 1% 정도가 종교세로 나가게 됩니다.

이러한 제도를 통해서 독일 교회는 넉넉한 재정을 가지고 있습니다. 국가가 대신 세금 형식으로 헌금을 걷어주니 얼마나 많은 돈이 걷히겠습니까? 이렇게 걷은 돈은 교회의 유지를 위해서도 쓰이지만 다양한 형태로 사회에 이바지하는 데 쓰이고 있습니다. 그래서 독일은 교회에서 운영하는 다양한 복지시설이 많이 있습니다. 독일에서 최대 고용주는 정부입니다. 그리고 두 번째는 교회입니다. 그만큼 많은 사회복지사들이 교회에 고용되어 일하고 있는 것입니다. 그리고 독일 교회는 세계의 가난한 나라들을 원조하기도 하고, 긴급구호를 펼치기도 합니다. 이것이 바로 종교세를 통해서 가능한 일입니다.

그런데 이 종교세가 처음 생긴 것은 교회를 교인들에게 돌려주기 위해서였습니다. 과거에 교회는 교인들의 교회라기보다는 성주들의 교회였습니다. 성주들이 자신의 재산으로 교회를 짓고 교회를 운영했던 것입니다. 그래서 교회는 성주를 위한 교회라고 할 수 있었습니다. 바이마르 공화국 때 이런 상황을 극복하기 위해서 교회세라는 것을 도입했습니다. 성주의 재산으로 교회를 운영하는 것이 아니라 성도라고 할 수 있는 국민들이 교회세를 내어서 그 돈으로 교회를 운영하도록 한 것입니다. 그래서 교회가 누구의 교회가 아니라 하나님의 교회로, 하나님 백성들의 교회로 거듭날 수 있었던 것입니다.

이와 비슷하게 우리가 헌금을 낸다는 것은 교회 일에 참여한다는 것입니다. 그래서 교회가 이 헌금을 가지고 어떤 일을 하는지 관심을 가지고 참여해야 합니다. 이것이 교인의 의무이고 권리입니다. 한국교회는 어떤 형태든지 교인들이 교회 재정이 어떻게 모이고 집행되는지 알도록 공동의회와 같은 총회를 열고 있습니다. 보통 세례교인이면 참여할 수 있습니다. 이런 기회들을 선용해서 헌금의 쓰임과 교회의 사역에 관심을 가지고 참여해야 합니다.

헌금을 통해서 공동체를 이루고 사역에 동참할 수 있다는 말씀을 들으니 새롭네요. 그러면 성경은 헌금에 대해서 무엇을 가르쳐 주고 있나요?

먼저 구약에서 헌금은 첫 열매에 대한 사상입니다. 가축의 첫 새끼는 하나님께 제물로 바치도록 했습니다. 첫 아들도 역시 하나님께 바쳐야 하는데 은 5세겔로 대속할 수 있었습니다. 땅에서 나는 첫 열매도 역시 하나님께 바쳤습니다. 이런 것이 바로 하나님의 주권을 인정하는 고백적 행위라고 할 수 있습니다.

> **대속** 예수 그리스도가 십자가에 달려 죽으심으로써 온 인류의 죄를 대신 씻어 구원했다는 것을 의미하는 단어.

그리고 십일조에 대해서 나오는데, 창세기에 보면 하나님의 제사장인 멜기세덱에게 전리품의 십분의 일을 바쳤다는 십일조에 대한 첫 이야기가 나옵니다. 십일조는 몇 가지 종류가 있었습니다. 먼저 이스라엘의 십일조(민수기 18:21~24)라는 것이 있었는데 이 십일조를 통해서 성막에서 봉사하는 레위인들이 생계를 유지할 수 있도록 해 주었습니다.

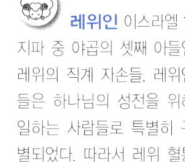
레위인 이스라엘 12지파 중 야곱의 셋째 아들인 레위의 직계 자손들. 레위인들은 하나님의 성전을 위해 일하는 사람들로 특별히 구별되었다. 따라서 레위 혈통인 아론이 초대 제사장이 되었고 이어서 제사장의 전통이 이어져 내려오게 되었다.

그리고 잔치의 십일조(신명기 14:22~27)라는 것이 있었습니다. 이것은 또 다른 십일조인데, 이 십일조를 가져오는 사람의 가족들과 이웃 레위인들이 하나님의 성전에서 다 함께 즐겁게 잔치를 벌였다고 합니다.

또 다른 것으로 구제의 십일조(신명기 14:28이하; 26:12~15)가 있습니다. 매 삼년마다 그 해 땅에서 난 것의 십분의 일을 각자가 살고 있는 성에 모아서 그 성에 사는 레위인과 나그네와 고아와 과부, 즉 그 땅에 가난한 자들을 위해서 쓰도록 한 것입니다. 이 구제의 십일조는 아마 잔치의 십일조와 함께 이스라엘의 십일조 외에 드려지는 것으로 보입니다. 즉 2년은 잔치의 십일조를 드리고 3년차에는 구제의 십일조를 드린 것이죠. 그 외에도 제사에 쓰이는 제물들이 있었고, 성막과 성전을 위해 예물을 드리는 경우도 있었습니다.

신약에서는 유대의 헌금 전통이 남아 있었지만, 바울의 경우는 이방인들이 많이 섞여 있어서 그런지 좀 달랐습니다. 바울은 보통 목적을 둔 헌금을 주로 강조했습니다. 예를 들어서 예루살렘 교회를 위한 헌금이 있었습니다. 예루살렘의 가난한 사람들을 위해서 바울이 목회자로 있었던 갈라디아, 마게도냐, 아가야, 아시아의 여러 교회들이 힘을 합쳐서 이들을 도운 것입니다.

또 빌립보 교회의 경우는 그들의 사역자인 바울이 데살로니가에서 사역할 때 두 차례에 걸쳐서 재정적인 후원을 했고 그가 감옥에 갇혀 있을 때도 여러모로 재정적인 후원을 한 적이 있습니다.

성경에서도 전통적으로 다양한 헌금 종류가 있네요. 그러면 오늘날 우리가 드리는 헌금에는 어떤 종류들이 있나요?

오늘 한국교회에는 다양한 헌금이 있습니다. 제일 먼저 주일마다 드리는 주일헌금이 있습니다. 주일예배를 드릴 때 준비된 마음으로 헌금을 드리는 것입니다. 그리고 십일조가 있습니다. 이미 여러 번 언급한 것처럼 나의 것이 내 것이 아니요 하나님의 것임을 고백하는 의미에서 드리는 헌금입니다.

개인적으로 십일조는 참 미묘한 것 같습니다. 수입이 적은 사람이나 수입이 많은 사람이나 다 수입에 십분의 일을 헌금으로 드린다는 것이 쉽지 않기 때문입니다. 이 정도의 돈은 없어도 살 수 있지만 그렇다고 그만큼 헌금을 내기에는 적지 않은 돈이기 때문입니다.

수입이 적은 사람은 이 돈이면 아이들 학원을 더 보낼 수도 있고, 가족들과 함께 몇 번이고 외식할 수 있는 돈일 것입니다. 그리고 수

입이 많은 사람은 이 돈을 가지고 값진 물건을 살 수도 있습니다. 이런 돈을 쓰지 않고 하나님께 드린다는 것은 바로 우리 삶의 주인이 내가 아니라는 뚜렷한 목적의식이 있어야 하고 이런 의식이 없으면 드리기 힘든 액수라고 할 수 있습니다.

그럼에도 불구하고 어떤 조사에 따르면 한국교회 교인들의 57.8%가 십일조를 드린다고 합니다. 이 조사를 보면 한국교회에서 십일조는 신앙의 중요한 기준이 된다고 볼 수 있습니다.

살면서 특별히 하나님께 감사한 마음이 들 때가 있습니다. 그때 드리는 감사헌금이 있습니다. 보통은 삶에서 어떤 매듭을 짓는 단계라고 할 수 있습니다. 아이의 탄생, 결혼, 생일, 직장에서의 승진 등 크고 작은 일에서 이 일을 허락하신 하나님을 기억하면서 감사를 드리는 것입니다. 물론 '이런 감사를 물질로 드려야 하는가'라는 의문이 들 수도 있습니다. 하지만 이런 감사의 표현을 통해서 자신의 삶에서 하나님을 기억하는 것은 중요한 일이라고 생각합니다.

다양한 절기헌금도 있습니다. 부활절, 추수감사절, 성탄절 등의 교회력에 따라 내는 헌금도 있고, 각 교회별로 교회창립주일 등을 구별해서 드리는 헌금도 있습니다. 특히 부활절과 성탄절을 통해서 예수님께서 우리를 위해 이 땅에 오시고 고난받으시며 부활하셨다는 것을 기억하는 것은 중요한 일입니다.

교회력 하나님께서 예수 그리스도를 통해 우리를 구원하신 구속의 행위를 중심으로 그리스도의 구세사업 가운데 중요한 기념일이나 축일을 일 년간에 배당한 달력. 대강절, 성탄절, 사순절, 부활절 등. 교회력에 나타난 각 절기들을 지켜 하나님의 구속의 은총을 새롭게 기억하고 감사하며 예배를 드린다.

또 다른 유형으로는 목적헌금이 있습니다. 특별한 목적을 위해서 헌금하는 것입니다. 보통은 선교헌금이나 구제헌금이 이런 구분에 들어갈 수 있습니다. 또 교회가 처한 상황에 따라서 건축헌금을 낼 때도 있고 장학헌금을 낼 때도 있습니다. 이런 목적헌금을 통해서 교회의 일에 참여하게 됩니다.

그러면 헌금이 어떻게 쓰이느냐도 중요한 문제겠네요. 교회에서 재정이 어떻게 쓰이나요?

아이들이 가끔 이런 질문을 합니다. "헌금을 하면 목사님이 모두 쓰시나요?" 헌금이 어떻게 쓰이는지를 잘 모르는 것입니다. 교회를 오래 다녀도 이런 구조를 잘 모르는 분들이 있습니다. 보통, 헌금은 재정부의 평신도들이 정리를 하고 교회 행정팀으로 넘기도록 되어 있습니다.

 재정이 쓰이기 위해서는 먼저 예산위원회라는 곳에서 일 년의 예산을 짭니다. 그 예산안은 보통 장로님들이 모이는 당회나 기획위원회 등에서 검토를 하고 전 교인이 모이는 총회(공동의회)를 통해서 확정을 받습니다. 그러면 그 예산에 따라서 교회의 각 부서가 예산을 집행합니다. 특별한 일이 아니면 일반적으로 이 예산에 따라서 재정이 쓰이게 됩니다. 그리고 교회에 따라서 한 달에 한 번이든지,

일 년에 한 번이든지 제직회나 임원회, 또는 총회를 통해서 결산을 보고합니다.

물론 그 이전에 감사위원회를 통해서 부서별로 감사를 받기도 합니다. 이렇듯 교회 재정은 여러 단계를 거쳐서 아주 투명하게 집행됩니다. 특히 평신도들의 대표인 장로나 임원들의 동의가 없이는 교회 재정이 함부로 쓰이지 못합니다.

 헌금을 드리는 우리의 마음가짐도 중요할 것 같은데요.

교회에서 헌금을 이야기하는 것은 쉽지 않습니다. 그러나 헌금은 신앙생활을 할 때 매우 중요합니다. 그리고 교회라는 공동체를 생각할 때도 헌금은 근간이 되는 중요한 자원입니다. 그래서 헌금에 대해서 바른 자세를 가지는 것이 중요합니다.

그러나 헌금을 드릴 때 헌금을 냈기 때문에 복 받겠다는 생각은 잘못된 태도입니다. 마치 점집에서 복채 드리듯이 헌금 생활로 복을 얻겠다는 사람도 있는데, 이것은 잘못된 생각입니다. 물론 우리가 신앙생활을 잘하고 바른 물질관을 갖게 되면 하나님께서 복을 주신다는 것은 올바른 생각입니다. 그러나 복을 얻기 위해서 헌금을 한다는 것은 그 순서가 바뀐 것입니다. 헌금을 드리는 것은 하나님의 주권을 인정하고 자신의 소유를 내려놓는 상징적 행동인데 오히려

'이만큼 주님께 투자했으니 열 배로 불려 주세요'하는 태도는 잘못된 것입니다.

헌금을 드릴 때는 정말 감사한 마음으로 내 삶의 주인이신 그분을 바라보며 드려야 합니다. 누가 볼 것인가, 누가 계산할 것인가를 따질 것이 아니라 자원하는 마음으로, 하나님께 드린다는 생각으로 드려야 합니다. 그리고 교회는 이런 마음이 담긴 헌금을 정말 하나님 앞에서 사용한다고 생각하고 두려워하는 마음으로 써야합니다.

 헌금의 의미에 대해서 새롭게 깨달은 점이 있다면 이야기해 보세요.

 지금 우리 교회에서 드리는 헌금에 대해 살펴보고 의미와 목적을 생각해 봅시다.

 앞으로 어떻게 헌금을 드릴지 생각해 보고 이야기를 나누어 봅시다.

2부
교회란 무엇인가요?

6장 교회는 어떤 곳인가요?

너는 베드로라 내가 이 반석 위에 내 교회를 세우리니 음부의 권세가 이기지 못하리라
● 마태복음 16장 18절

 교회는 어떤 곳인가요?

보통, 교회라고 하면 주변에서 만날 수 있는 교회를 이야기합니다. 저는 신반포중앙교회에 다닙니다. 제가 다니는 교회는 아파트가 많은 주택가에 빨간 벽돌로 예쁘게 지어진 교회이며 약 800명 정도가 주일 예배에 참여하고 있습니다. 이 예배당이 바로 교회라는 곳입니다. 그런데 이것은 교회에 대한 이해 중 반만 맞는 이야기입니다. 교회는 이렇게 눈에 보이는 건물만이 아닙니다.

교회에서 중요한 것은 무엇보다도 사람입니다. 예수를 믿고, 하나님을 믿는 사람들의 모임이나 공동체를 교회라고 부르는 것이 맞습니다. 예배당이라는 건물이 없어도 믿는 사람들이 모인다면 바로 그곳이 교회가 됩니다. 예를 들어 보겠습니다. 두 아이가 마을 언덕에 올라가서 동네를 보는데 교회에 불이 났습니다. 그러자 한 아이가 "교회에 불이 났으니 이제 교회가 없어졌네"라고 말을 합니다. 그러자 다른 아이가 "아니, 교회에 불이 났어도 우리 교회는 계속 모일 걸"이라고 대답을 합니다. 앞의 아이가 예배당을 말했다면, 뒤에 말한 아이는 사람들이 모이는 모임이나 공동체를 교회라고 한 것입니다. 예배당이 없어도 교회는 존재합니다. 모일 수 있는 건물이 없어도 교회는 믿는 사람들의 모임으로 존재하는 것입니다. 건물보다 중요한 것이 바로 같은 믿음을 가진 공동체입니다.

교회가 단지 건물이 아니라, 사람들이 모이는 모임이 중요하다는 말이네요. 그러면 그 모임은 어떤 모임인가요?

모든 모임이 다 교회일 수는 없습니다. 이 모임은 믿는 자들의 공동체이고, 믿음으로 거룩해진 사람들의 모임입니다. 성경의 중요한 저자 중 한 명인 사도 바울은 고린도전서에서 하나님의 교회를 '그리스도 예수 안에서 거룩하여지고 성도라 부르심을 받은 자들'(고린도전서 1:2)이라고 말하고, 또 각처에서 '우리의 주 되신 예수 그리스도의 이름을 부르는 모든 자들'(고린도전서 1:2)의 모임이라고 말하고 있습니다. 이 말은 교회는 바로 예수를 믿는 자들의 모임이며, 거룩해진 성도들이라는 뜻입니다.

예수님이 부활하시고 승천하신 이후에 예루살렘의 한 다락방에서 처음으로 교회가 생겼습니다. 예수님을 쫓아다니던 제자들은 예수님이 십자가에 달려 돌아가신 이후에 방황했는데, 그런 이들에게 큰 변화가 일어났습니다. 제자들은 죽음에서 다시 살아나신 예수님을 만난 것입니다. 부활을 경험한 제자들은 그제야 예수님이 말씀

그리스도의 승천(Ascension of Christ), 벤베누토 가로팔로 作, 로마 국립미술관.
예수 그리스도는 부활한 지 40일째 되는 날에 제자들과 사람들이 보는 자리에서 "너희는 온 천하에 다니며 만민에게 복음을 전파하라"(마가복음 16:16)라는 말씀을 남기시고 하늘로 올라가셨다. 성도는 예수님이 다시 오심을 기대하며 깨어서 기도해야 한다.

하신 것들을 깨닫게 되었고 변하게 된 것입니다. 제자들은 부활의 기적을 경험하고 예수님의 말씀을 깨달았지만 예수님이 부활하시고 40일 만에 하늘로 올라가시자 다시 무엇을 해야 할지 몰랐습니다. 이런 혼란 가운데 예루살렘 다락방에 모여 숨을 죽이고 있었는데 이들 가운데 하나님의 영이 임했습니다. 성령이 임하신 것입니다. 여기에서 교회가 시작됐습니다.

예수 그리스도에 대한 믿음이 더욱 확실해진 것입니다. 이런 동일한 믿음을 가진 사람들의 모임이 생겨났고, 그 모임이 교회가 됐습니다. 교회는 예수 그리스도가 우리를 위해 십자가에 달려 돌아가신 것과 부활하신 것, 그리고 이 사실을 믿게 해 주시는 성령의 역사를 믿는 자들의 모임입니다.

그러면 이렇게 모인 사람들은 무엇을 했나요?

처음 교회의 모습을 그린 사도행전을 보면, 이렇게 모인 사람들이 함께 모여서 공동체를 만들었습니다. 그들은 재산을 나누어서 함께 사용했습니다. 자신의 재산과 소유를 팔아서 각 사람의 필요에 따라 나눴다고 합니다. 이것을 두고 원시공산주의라고 말하는 분이 있습니다. 아마 마르크스도 이런 초대교회 모습을 보고 공산주의가 가능할 것이라고 믿었던 것 같습니다. 그러나 이것은 부활하신 그리스도를 만난 사람들에게 가능했던 일이지 오늘날 욕심에 가득 찬 인간들에게는 불가능한 이론임을 역사가 가르쳐 주었습니다.

또 이들이 한 일은 마음을 다해 성전에 모여서 함께 떡을 떼고 기쁨과 순전한 마음으로 음식을 먹었습니다. 그리고 하나님을 찬미했죠. 참 아름다운 믿음의 공동체를 이루었습니다.

그러면 오늘날 교회는 어떤 일들을 하고 있나요?

초대교회는 오늘날 교회가 무엇을 해야 할지를 잘 알려 주고 있습니다. 초대교회는 다섯 가지 사역을 잘 감당했습니다. 첫째는 예배입니다. 그들은 모여서 하나님을 찬미하며 예배를 드렸습니다. 둘째는 말씀입니다. 하나님의 말씀을 설교를 통해서 들었습니다. 셋째는 교육입니다. 새로운 신자를 교육시켰습니다. 하나님의 말씀을 가르치기도 하고, 그 말씀에 따라 살도록 사람들을 여러모로 지도하기도 했습니다. 넷째는 봉사입니다. 이들은 그냥 모여서 자기들끼리 산 게 아닙니다. 주위의 사람들을 돌아보고 그들을 섬겼습니다. 교회 안에서도 가난한 자들을 돕고 헌금을 나누기도 했습니다. 다섯째는 교제입니다. 이미 성경에서 보았듯이 공동체를 만들어 서로 교제하고 모든 것을 나누는 공동체를 만들었습니다.

오늘날 교회도 이런 다섯 가지 사역을 잘 감당하고 있고, 이 시대가 필요한 일들을 잘 해내고 있습니다. 모이는 사람들도 많아졌고 말씀을 나누거나 교제하는 방법도 많이 달라졌습니다. 그러나 중요한 것은 교회에 모인 사람들은 하나님의 말씀에 그 근본을 두고, 예수 그리스도를 믿는 믿음으로 모여서 사역을 잘 감당하고 있다는 것입니다. 그것이 장소가 바뀌고 시간이 바뀌어도 교회가 해야 할 일이기 때문입니다.

작년 초에 제가 독일을 방문한 적이 있습니다. 라이프찌히라는 과거 동독에 있었던 도시에서 한 목사님을 만났습니다. 그 교회는 1989년 동독이 무너지는 시기에 촛불 기도회를 인도했던 교회 중 하나였고, 이 목사님은 당시 그 교회에 있었던 분이셨습니다. 이분의 이야기를 듣는 동안 '하나님은 공산주의 사회나, 자본주의 사회에서 똑같이 일하고 계시구나'라는 생각이 들었습니다. 하나님께서 교회를 통해서 이 세계를 움직여 가신다는 것입니다. 동독 정권이 무너지고 독일이 통일되는 과정에서 교회는 교회의 역할을 잘 감당했고, 동독에서 자유에 대한 열망을 일으켜서 결과적으로 무서운 공산주의 정권이 힘을 못 쓰고 무너지게 했다는 것입니다. 그런데 그 시작은 한 교회의 작은 촛불기도회에서 시작되었고, 그 촛불기도회는 온 도시를 휩쓸고 유럽의 역사를 새롭게 쓰는 놀라운 일을 만들었습니다.

이런 일이야 말로 부활의 주를 믿는 공동체인 교회가 할 수 있는 일입니다. 40여 년을 공산주의의 무서운 정권에 살면서도 하나님이 주신 자유를 그리워하고, 자유를 위해서 수고하고 기도해 온 공동체만이 하나님이 정한 때에 이런 일을 할 수 있습니다. 이것이 교회의 힘이고 공산주의가 그렇게 무서워하는 종교의 힘입니다.

믿는 사람들이 꼭 모여서 교회를 이루어야 할까요? 혼자 기도하고 성경을 읽으면서 신앙생활을 할 수는 없나요?

우리는 하나님을 아버지로 고백합니다. 결국 우리는 한 아버지를 둔 믿음의 형제요, 자매입니다. 한 형제가 한집에 모여 살고, 장성해서는 명절 때 본가에 모두 모이는 것이 정상입니다. 이처럼 교회도 함께 모여야지 정상입니다. 성경은 교회를 말하기를 그리스도를 머리로 하는 한 몸이라고 하며 성도들을 이 몸의 지체, 즉 몸의 각 부분이라고 설명합니다. 한 몸이 나뉘어서 살 수 없듯이 교회도 하나를 이루며 사는 것이 옳습니다.

이렇게 모일 때 몇 가지 좋은 점이 있습니다. 첫째는 바른 교훈을 받을 수 있습니다. 우리가 성경을 보더라도 그 뜻을 바로 새기려면 바른 가르침이 있어야 합니다. 성경의 깊은 뜻은 개인적으로 다 알 수가 없습니다. 그래서 교회에 모여서 바른 가르침을 배워야 합니다. 그렇지 않으면 같은 성경을 보면서 엉뚱한 기독교를 믿을 수도 있습니다. 이것이 바로 이단입니다. 같은 성경을 가지고 아주 다른 기독교를 가르치는 것이 바로 이단입니다.

둘째, 서로에게 격려가 됩니다. 믿음생활을 하면서 같은 믿음을 가진 사람을 만나면 서로에게 큰 힘이 됩니다. 자신이 깨달은 바를 이야기하고, 남이 깨달은 바를 듣는 것입니다. 그리고 신앙생활을 하면서 힘들었던 부분을 이야기할 때 비슷한 경험이 있는 믿음의 선배들이 길을 제시해 주기도 합니다. 사람들은 연약해서 믿음을 지키고 살기가 힘듭니다. 그래서 같은 믿음을 가진 믿음의 형제자매들에게 확인을 받고 격려를 받는 것이 꼭 필요합니다.

셋째, 서로 모일 때 예수님께서 우리와 함께해 주신다고 약속해 주셨습니다. 내 이름으로 두세 사람이 모이면 예수님도 함께해 주신다고 성경은 전하고 있습니다.

제가 여행을 다니면서 참 감동을 받았던 장소가 두 군데 있습니다. 첫째는 터키에 있는 갑바도기아입니다. 이곳은 땅이 약해 쉽게 굴을 팔수가 있습니다. 초기 기독교인들은 로마의 박해를 피해 광야 지역에 굴을 파고 그 속에 살았습니다. 그 굴이 얼마나 깊고 길었는지 한 도시에 버금가는 규모였습니다. 초기 기독교인들은 바로 이런 굴속에서 모든 생활을 했습니다. 두 번째 장소는 로마 근교에 있는 카타콤베라는 지하무덤입니다. 로마 사람들은 개인 무덤을 쓰지 않고 땅속에 굴을 파서 많은 사람들의 시체를 넣어 두었습니다. 그 규모가 얼마나 큰지 인도자 없이 들어가면 다시 나올 수 없을 정도입니다. 로마에 살았던 초기 기독교인들 역시 바로 이런 무덤 동

카타콤베 초기 기독교의 지하 공동묘지로 쓰였으나 기독교 박해 때 신자들이 숨어 살았던 곳.

굴에서 숨어 살았습니다. 로마 병정들의 추적을 피하기 위해서 무덤 속으로 숨어들어간 것입니다. 그곳에 가보면 예배당 자리도 있고, 신학교 자리도 있습니다. 곳곳에 자신들의 신앙을 나타내는 그림을 그려 놓기도 했습니다.

  사람들이 왜 이렇게 숨어서 살았을까요. 몰래 개인적으로 신앙생활하고 숨어 지내면 되는데 왜 교회로 모이려고 이렇게 고생을 했을까요. 그것은 교회를 통해서 부으시는 하나님의 축복과 약속 때문이었습니다. 그들은 함께 모여서 하나님을 예배하고 경배하며 같은 믿음을 가진 사람들이 모여서 함께 생활하고 나누는 삶에 큰 의미를 두었던 것입니다. 그래서 모든 삶을 포기하고 땅굴인 무덤에 들어가는 삶을 선택했습니다. 인생에서 많은 것을 잃었지만 그 어두운 곳에서 하나님을 만날 수 있었고, 그렇게 교회로 모이게 됐습니다. 이것이 바로 교회의 신비입니다.

그러면 언제 교회에 모입니까?

항상 모이는 것이 좋습니다. 그러나 사회생활도 해야 하고, 가정생활도 해야 하니까 정해진 때에 모이고 있습니다. 무엇보다도 일요일, 즉 주일에 모입니다. 모든 교인은 주일에 모여서 예배드리며 하나님을 경배합니다. 이것이 교인이 지켜야 할 약속이고 의무입니다. 또 한국교회는 매일 새벽기도를 드립니다. 보통 새벽 5시쯤 교회에 모여서 말씀과 기도로 하루를 시작합니다. 그리고 한 주의 중간인 수요일에 모여서 주로 성경을 공부하고, 금요일에는 저녁 때 모여서 기도하는 일에 전념합니다. 이처럼 성도는 교회를 중심으로 때를 맞추어 생활해야 합니다. 이것이 교회를 통해 이루고자 하신 하나님의 뜻입니다.

 하나님의 거룩한 백성들의 모임인 교회의 의미와 사명을 생각해 봅시다.

 나에게 교회는 어떤 곳이며, 무엇을 하는 곳인지 점검해 봅시다.

 하나님이 원하시는 교회를 위해 어떻게 교회를 섬겨야 할지 나누어 봅시다.

7장 선교를 왜 해야 하나요?

너희는 온 천하에 다니며 만인에게 복음을 전파하라
● 마가복음 16장 15절

 세계 곳곳에서 기독교를 전파하기 위해 가족과 고향을 떠나 사시는 분들이 있는데, 이분들은 왜 이렇게 선교를 하시나요?

기독교의 특징은 바로 선교와 전도에 있습니다. 기독교는 원래 이스라엘 사람들의 종교였습니다. 하나님은 그 민족의 하나님이었습니다. 그런데 약 이천 년 전 하나님의 아들인 예수 그리스도께서 인류를 위해서 이 땅에 오셨습니다. 그리고 하나님의 아들이고 신이신 예수님이 사람의 모습으로 내려오셔서 십자가에 달려 돌아가셨습니다. 그 덕분에 인류를 향한 하나님의 사랑이 확실히 증거 되었고, 우리의 죄를 용서받고 구원을 얻게 됐습니다.

여기서 중요한 것이 바로 예수님의 구원 행위가 이스라엘 사람들만을 위한 일이 아니라 온 인류를 위한 일이었다는 것입니다. 우리는 모두 예수님을 믿기만 하면 구원을 얻을 수 있습니다. 예수님이 나를 구원하신 하나님이라는 것을 믿고 고백하기만 하면 구원을 받을 수 있게 된 것이죠. 이 귀한 소식을 먼저 믿은 우리가 전해야 하는 것입니다.

예수를 믿기만 하면 구원을 얻는다는 이 소식을 사람들에게 전하는 것이 바로 선교입니다. 그래서 이 소식을 복음(福音)이라고 합니다. 복된 소리라는 것이죠. 정말 복되지 않습니까? 우리가 무엇을 해서 구원을 얻는 것이 아니고, 하나님의 백성이 되려고 노력하는 것도 아닙니다. 그를 믿기만 하면 우리가 하나님의 아들이라는, 또 하나님의 딸이라는 귀한 영광을 얻을 수 있습니다. 이 귀한 소식을 우리만 알 수 없습니다. 그래서 다른 사람들에게 전해야겠다는 생각을 하게 된 것이죠.

우리를 선교사로 만드는 것은 바로 이 소식을 전해야 한다는 열정입니다. 이 소식을 주변 사람들에게도 전하고, 먼 곳에 있는 사람들에게도 전해야 합니다. 이스라엘이라는 작은 나라에서 일어난 이 사건 때문에 인류가 다 함께 예수를 믿게 된 것입니다. 이스라엘은 중동의 조그만 나라입니다. 작은 땅, 작은 나라에서 일어난 종교가 이렇게 유럽으로 전해졌고, 유럽의 전 나라가 예수를 믿는 놀라운 일이 일어난 것입니다.

  그 이후에 예수 믿는 사람들이 미국을 세웠고, 오스트레일리아와 뉴질랜드를 포함한 오세아니아, 그리고 중국과 일본, 조선에까지 복음이 전해졌습니다. 예수 믿는 사람들이 자신들이 받은 이 복된 소식을 자기 것으로 여기지 않고 하나님께서 주신 대로, 세상의 많은 사람들에게 전한 결과죠. 이 복된 소식을 전하는 행위가 바로 선교이고, 이 일을 하는 사람을 선교사라고 부릅니다.

성경에는 선교가 어떻게 설명되고 있나요?

예수님께서는 다시 사셔서, 하늘로 올라가시기 전에 제자들을 불러 모아 놓고 한 가지 중요한 당부를 하셨습니다. "하늘과 땅의 모든 권세를 내게 주셨으니 그러므로 너희는 가서 모든 민족을 제자로 삼아 아버지와 아들과 성령의 이름으로 세례를 베풀고 내가 너희에게 분부한 모든 것을 가르쳐 지키게 하라. 볼지어다 내가 세상 끝날까지 너희와 항상 함께 있으리라"(마태복음 28:18~20).

  이 명령이 선교에서 중요한 부분입니다. 모든 민족으로 제자를 삼으라는 것이죠. 예수님의 제자를 삼으라는 것입니다. 그리고 그들에게 세례를 주라는 것입니다. 예수를 믿기로 한 결심을 예식을 통해서 증거로 삼으라는 것입니다. 그리고 예수님께서 가르쳐 주신 것을 가르쳐 지키게 하라는 부분이 가장 중요합니다. 성경이 말하는 것을 가르쳐서 사람들이 그것을 지킬 수 있게 해 주라는 것입니다. 이 일은 쉬운 일이 아닙니다. 그래서 예수님께서 우리와 함께하겠다고 약속해 주셨고, 우리에게 힘을 주시겠다고 하셨습니다.

그런데 예수를 믿으라고 하면 사람들이 곱게 믿을까요? 오히려 우리를 박해하고, 괴롭히고, 놀리기도 합니다. 그래도 우리가 복음을 전할 수밖에 없는 이유는, 내 안에 살아 계셔서 마음을 뜨겁게 하시고 열정으로 뛰게 하시는 하나님이 우리에게 복음을 전하라고 말씀하셨기 때문입니다. 그래서 우리가 선교를 하는 것이죠. 내가 좋으려고 하는 것이 아닙니다. 복음에 대한 열정이 우리를 그곳으로 보내는 것입니다. 이것이 성령의 역사입니다. 성령님께서 우리를 감동시키셔서 나가도록 만드십니다.

또 사도행전에 보면 부활하신 예수님을 만난 제자들이 밖으로 나가서 복음을 전하는데, 당시 예루살렘에 모인 사람들이 제자들의 말

성령 강림
그들이 다 성령의 충만함을 받고 성령이 말하게 하심을 따라 다른 언어들로 말하기를 시작하니라(사도행전 2장 4절).

을 자신들의 언어로 알아들었습니다. 예수님의 제자들은 모두 무식한 사람들이었습니다. 특히 베드로는 당시 고기를 잡는 어부로서 지식이 많지 않은 사람이었습니다. 이런 사람들이 외국어를 할 리도 없고, 더군다나 외국어로 설교를 했을 리도 없습니다. 그런데 그들이 하는 말을 듣고 외국인들이 그 내용을 모두 이해하고 복음을 알아들었던 것은 성령의 능력 때문입니다. 제자들이 모두 배우지도 않은 외국어로 복음을 전한 것입니다. 예수님이 함께하시면 이런 일도 일어날 수 있습니다.

지금도 많은 사람들이 알지도 못하는 나라에서 복음을 전합니다. 아프리카의 아주 외딴곳에서 복음을 전하는 선교사도 있고, 이슬람 국가인 중동에 가서 몰래 복음을 전하는 분도 있습니다. 이런 분들이 모르는 나라에서 어떻게 복음을 전할 수 있을까요? 성령님께서 도우시는 것입니다. 죽음에서 부활하신 예수님이 함께하시기 때문에 이런 일이 일어날 수 있습니다.

 현재 세계 각국에 한국인 선교사들이 많이 나가 있나요?

현재 전 세계 169개국에 한국인 선교사들이 2만 명이 넘게 나가 있습니다. 미국 다음으로 우리나라가 가장 많은 선교사를 파송하는 나라입니다. 한국이 복음을 받아들인 지 이제 겨우 120여 년밖에 안 됐는데 이렇게 성장했다는 것은 놀라운 일입니다. 세계의 기독교역사를 찾아봐도 이렇게 급속하게 성장한 나라가 없을 것입니다.

한국인 선교사들은 많은 나라에서 환영을 받는다고 합니다. 아프리카나 아시아 같은 제3세계 나라들은 과거에 자신들을 식민지로 삼았던 서양인들에게 좋지 않은 감정을 가지고 있는데, 이 사람들이 다시 선교사로 들어오니까 아무래도 거부감이 생기는 것이죠. 특히 기독교를 제국주의 종교로 받아들여서 더욱 심각했다고 들었습니다.

그런데 한국이라는 나라한테는 그런 아픈 기억이 없는 것입니다. 한국은 과거 강대국도 제국주의도 아니었고, 같은 아시아의 동양인이기 때문에 친밀감도 있습니다. 아프리카에서도 과거에는 못 살았는데 이제 잘 살게 된 나라로 한국을 배우고 싶어 합니다. 그래서 많은 나라에서 한국인 선교사들이 서양인 선교사들보다 훨씬 더 효율적으로 복음을 전하고 있습니다.

어떤 사람들은 선교를 공격적이라고 인식하기도 하는데, 그러면 선교사들은 무슨 일을 하나요?

선교사들을 거부하는 나라들은 의외로 그렇게 많지 않습니다. 이슬람 국가에서는 배척을 받지만 다른 나라들에서는 그런 일이 드뭅니다. 이슬람 국가 중에서도 중동이나 아프리카의 몇 국가 외에는 그런 일이 없습니다. 예를 들어 같은 이슬람 국가인 터키만 해도 그런 어려움이 많지 않습니다.

선교사들은 보통 그런 나라에 들어가면 그 나라 돕는 일을 먼저 합니다. 교육이나 의료에 집중하거나, 농사를 가르쳐 주기도 하고, 많은 경우 구호단체의 파송을 받아 직접적으로 도움을 주기도 합니다. 현재 한국에 있는 많은 구호단체들이 대부분 기독교 단체들인데, 어려운 나라에서 직접 일하는 분들을 선교사라고 보시면 됩니다. 이렇게 그 나라와 협력하는 가운데 복음을 전하고 교회를 세우기도 하는 것이죠. 직접 복음만 전하는 경우는 드물다고 봅니다.

한국교회는 이런 선교를 통해서 세계에 하나님의 사랑을 전하고 있습니다. 하나님께서 만드신 세상에 그분의 사랑을 전하고, 하나님 나라를 기대하면서 굶주린 자, 가난한 자, 못 배운 자들을 돕습니다. 이런 일을 통해서 우리는 세계의 문제를 보게 되고 그들을 향하신 하나님의 마음을 이해하게 됩니다.

얼마 전 제 아들이 초등학교 3학년일 때였습니다. 교회를 가는 길이었는데 저에게 질문을 하나 했습니다. 주일헌금을 하라고 천 원을 주었는데 이 헌금을 무엇을 위해 드릴 것인지 고민한다는 것이었습니다. 그래서 무슨 뜻인지 물었더니, 아이가 이 돈을 주일헌금이 아니라 봉투에 넣어서 선교헌금으로 드린다고 했습니다. 그런데 당시 저희 교회가 세 가지 목적으로 선교헌금을 드리고 있었습

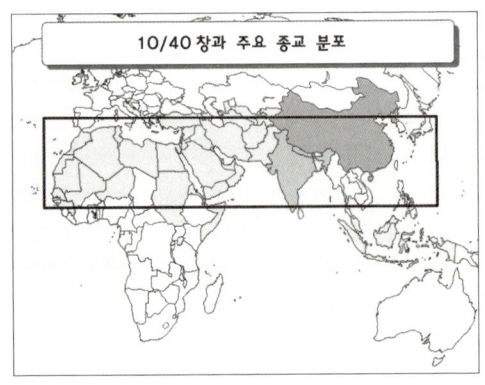

10/40창 북위 10도에서 남위 40도에 위치해 있는 선교지역. 복음을 한 번도 들어보지 못한 미전도 종족이 가장 많이 있는 지역들.

니다. 첫째는 북한을 탈출해서 중국 등 제 3국을 떠돌고 있는 탈북 동포들을 한국으로 데려오는 일이었고, 둘째는 중남미 파라과이에 있는 선교사가 청원한 일로, 가난한 아이들을 위해서 학교를 짓는 일이었습니다. 그리고 셋째는 교회에서 네팔로 단기선교를 가는데 산골오지에 있는 아이들에게 전해 줄 선물을 마련하는 것이었습니다. 아이가 이 셋 중에 어느 쪽으로 선교헌금을 드릴지 고민하는 것입니다.

제가 그 이야기를 듣고 교회라는 곳이 위대하다는 생각을 했습니다. 초등학교 3학년 아이가 돈 천 원을 들고서 전 세계의 고민을 다 끌어안고 있는 것입니다. 북한에서 아시아를 거쳐서 중남미의 가난한 아이들까지 생각할 수 있도록 돕는 곳이 교회가 아니면 어디에 또 있겠습니까?

선교라는 것이 바로 이런 것입니다. 강대국 중심의 세계가 아니라 가난한 사람들의 세계를 보게 해 줍니다. 성공지향의 세계화가 아니라 하나님의 마음을 가지고, 인류애를 가지고 세계를 보도록 만들어 주는 세계화인 것입니다. 이 일을 위해서 선교사들은 세계 각 국의 오지를 향해서 달려가고 그곳에서 실제적으로 도움을 주면서 하나님의 사랑을 전하고 있습니다.

정리를 해 주시니 선교가 쉽게 이해가 되네요. 목사님께서 작년에 중국에 다녀오셨다고 들었는데 선교 때문인가요?

작년에 중국에 삼 일간 다녀온 적이 있습니다. 한국교회 지도자들과 함께 갔었는데, 먼저 중국 상해에서 중국교회 지도자들을 만났습니다. 중국 정부가 인정하는 삼자교회 지도자들입니다. 북한으로 치면 조선그리스도교연맹과 같은 단체의 지도자들을 만난 것이죠. 그분들을 만나서 한국교회와 중국교회가 앞으로 어떻게 관계를 맺고, 발전시켜 나갈 것인지를 의논했습니다.

그리고 베이징에 있는 베이징대학교에서 한국학자들과 중국학자들이 함께 사회발전과 기독교의 관계에 대해서 학술대회를 개최하기도 했습니다. 그런데 마지막 날에 중국 종교성 건물 안에서 함께

회의를 했다는 사실이 중요합니다. 한국대표단과 중국 종교성 간부들이 함께 모여서 앞으로 한국교회가 중국에서 선교를 어떻게 하는 것이 좋을지 의논한 것입니다. 아직 사회주의 국가인 중국 정부가 한국교회 지도자들과 함께 선교에 대해서 함께 의논했다는 사실에 아주 중요한 의미가 있습니다.

마지막에 중국 종교성 장관이 직접 만찬을 베풀었는데, 베이징 호텔에서 종교성 간부들과 한국교회 지도자들, 그리고 한국의 몇몇 국회의원과 사업가들이 함께 식사했습니다. 이것은 중국 정부가 한국교회를 인정하고 그 선교를 공식적으로 인정하겠다는, 큰 의미가 있는 모임이었습니다.

특히 그동안 한국의 선교사들이 지하에서 몰래몰래 선교를 했는데 중국교회 지도자들이나, 종교성 간부들이 그 자리에서 앞으로는 공개적으로 선교를 하는 것이 좋겠다고 말했습니다. 지금 중국에 한국인 선교사가 적어도 오천 명, 또는 만 명 이상이 있다고 알려졌는데 이들이 공개적으로 선교를 하면 큰 효과가 나타날 것으로 기대됩니다.

지금 중국에는 기독교인들이 많이 늘어나고 있습니다. 도시 지역에서 사람들이 모여들어서 수백 명, 수천 명이 되는 교회들이 생기게 된 것입니다. 갑자기 늘어나고 있습니다. 이런 관심을 중국 정부가 공식적으로 받아들인 것으로 보입니다.

훌륭한 선교사님들의 이야기가 있으면 좀 전해 주세요.

예전에 북한을 탈출해 남한으로 오신 분들을 만나 이야기를 들은 적이 있습니다. 통일 이후에 남한과 북한이 서로 잘 살기 위한 방법을 연구하기 위해서 만난 것입니다. 그분들에게 들으니 북한을 탈출한 대부분의 사람들은 중국에 있는 한국인 선교사를 찾아간다고 합니다. 그분들이 탈북하신 분들을 도와서 신앙도 전하고, 새로운 세계로 인도해 주기도 합니다. 그분들의 도움을 받아서 남한까지 오신 분들이 대부분입니다.

　선교사들은 무조건 예수를 믿으라고 하지 않습니다. 먼저 예수를 믿으라고 말하기 전에 그 땅의 사람들을 돕습니다. 도움이 필요한 곳에 도움을 주고, 복음을 전하는 것입니다. 이런 선교사들이 전 세계에 널리 퍼져서 도움이 필요한 사람들에게 도움을 주고 생명을 살리는 기쁜 소식도 전해 주는 일이 많아졌으면 좋겠습니다.

이젠 알아요!

 이 땅에 복음을 전해 준 선교사들과 신앙의 선배들을 생각하며 내 신앙의 모습과 복음의 사명을 생각해 봅시다.

 우리 교회나 주위에서 하고 있는 선교나 전도활동에 대해서 알아봅시다.

 하나님의 사명인 선교를 위해서 우리가 할 수 있는 방법을 나누어 봅시다.

8장 목사님은 누구신가요?

이 모든 일은 같은 한 성령이 행하사 그의 뜻대로 각 사람에게 나누어 주시는 것이니라
● 고린도전서 12장 11절

교회에 가면 목사님이나 전도사님, 장로님, 권사님, 집사님이 있는데 이런 교회의 직분이 궁금합니다. 먼저 목사님은 어떤 분이신가요?

목사님은 교회에서 예배를 인도하고 설교를 하시는 분입니다. 보통 목사님들은 소명을 받는다고 합니다. 소명이라는 것은 부름을 받았다는 것이죠. 그 부름은 하나님께서 특별한 사람들을 목사로 부르셨다는 것을 의미합니다. 목사님들의 살아온 이야기, 어떻게 목사가 되었는지를 들어 보면 대개 소명을 받은 과정을 이야기하십니다.

어떤 분은 특별한 과정을 겪기도 하셨습니다. 예를 들어서 폐병에 걸려서 죽을 위기를 겪다가 하나님이 살려주시면 충성스러운 목사가 되겠다고 하셨던 분도 계시고, 어려서부터 당연히 목사가 되겠다고 마음속에 소망을 가지셨던 분도 계십니다. 이런 소명을 받는 과정은 사람에 따라서 다 각각이지만 그 마음에 내가 하나님의 종으로서, 목사로서 살겠다는 확신을 가진 분들이 보통 목사가 됩니다.

이분들은 특히 그 소명에 따라서 교회에서 봉사하며 사시는 분들입니다. 이미 말씀드린 대로 교회에서 이분들에게 맡겨진 중대한 사명은 예배를 인도하고 하나님의 말씀을 해석해서 우리에게 설교해 주시는 것입니다. 그러나 목사님들은 이런 일만 하시는 게 아니라, 쉽게 얘기해서 교회에서 어버이 같은 일을 한다고 생각하시면 됩니다.

성도들 집을 방문하는 심방을 통해서 그들이 사는 이야기와 어려움을 듣고 기도해 주시는 일도 하고, 매일 새벽마다 새벽예배를 인도하고, 주일날 아침저녁으로 예배를 인도하고, 수요일에는 성경공부, 금요일에는 기도회 등을 인도하십니다. 그리고 교회에 도움을 요청하시는 많은 분들을 돕기도 하고, 동네의 대소사에 참여해서 인사도 나누고 사람들을 돕는 일도 하십니다.

또 교회 살림을 성도들의 도움을 받아 꾸려가고, 때로는 교회 청소도 하고, 수리도 하는 등 여러 가지 일들을 감당하십니다. 목사님들을 옆에서 보면 정말 바쁘게 사십니다. 몸이 열 개라도 감당이 안 될 정도로 새벽부터 밤늦게까지 교회와 성도들을 위해서 노력하고 수고하시는 분들이죠.

목사가 되기 위해서는 어떤 과정을 거쳐야 하나요?

목사가 되려면 먼저 목사가 되는 학교인 신학교를 다녀야 합니다. 옛날에는 신학교가 짧게 학교형식으로 다닐 수 있는 과정이었는데 요즘에는 보통 대학원 과정입니다. 고등학교를 졸업하고, 대학교를 졸업해야지만 신학대학원에 들어갈 수 있는 자격이 있습니다. 상당한 고등과정에 속합니다. 신학대학원은 3년 과정으로 이루어집니다. 신약성경과 구약성경을 배우는 성서신학, 한국교회와 세계교회의 역사를 배우는 교회사, 교회의 교리를 배우는 조직신학, 또 교회에서 일어나는 모든 일들을 배우게 되는 실천신학 이렇게 네 부분이 있습니다.

많은 분들이 조직신학을 교회의 조직을 배우는 것으로 잘못 알고 계시는데, 조직신학이라는 것은 기독교의 교리를 조직적으로, 즉 체계적으로 배우고 세운다고 해서 조직신학이라고 합니다. 기독교의 바른 교리를 배워서 기독교가 가르치는 것이 무엇인지를 정확하게 배우는 것입니다.

여러분들이 잘 알다시피 성경은 기독교의 기본 경전입니다. 그래서 성경을 공부하면서 설교할 수 있는 기본적인 근본을 배우게 됩니다. 성경을 깊이 있게 공부하게 되는 것이죠.

그리고 실천신학에서는 설교학, 예배학, 교회를 이끌기 위해 배우는 목회학, 찬송학, 상담학 등을 배우게 됩니다. 목사님들이 교회에서 행하는 모든 것을 배우는 것이죠.

이런 3년의 과정을 배우면서 목사 시험을 볼 수 있는 자격을 얻게 됩니다. 이 자격을 가지고 교단에서 치르는 시험을 봅니다. 그런데 교단마다 신학교를 졸업하고 목사가 되는 과정이 다 다릅니다. 보통은 목사가 되기 위해서 1차 시험을 치르고 목회를 하다가 2차 시험을 통과해야지만 목사로 안수를 받습니다.

안수라는 것은 무엇인가요?

안수는 머리에 손을 얹고 기도하는 것을 말합니다. 현재 기독교는 특별한 직분을 임명할 때 안수를 행합니다. 목사가 될 때 목사님들과 장로님들의 조직인 노회에서 안수를 합니다. 목사로 임명받게 되는 사람이 가운데 앉고 몇몇 목사님과 장로님이 빙 둘러서 머리에 손을 얹고 기도하는 것을 말합니다. 아주 권위 있는 예식입니다.

목사님 외에도 강도사님이나 전도사님은 교회에서 무슨 일을 하시나요?

목사님이 되기 전에 전도사와 강도사 과정을 거쳐야 합니다. 일단 신학교에 다니기 시작하면 교회에서 봉사를 합니다. 그런 분들을 전도사님이라고 부릅니다. 전도사는 기독교의 도를 전하는 사람이라는 뜻으로, 대개 젊은 신학생들을 부를 때 전도사님이라고 합니다. 신학교에 늦게 들어갔거나 목사 안수를 늦게 받으시는 분들도 전도사님이라고 부릅니다.

한국교회에서는 교단 대부분이 여자분들에게 안수를 주지 않습니다. 안수를 주는 교단도 있긴 하지만 여자 목사님이 매우 적습니다. 그래서 여성 목회자들을 전도사님이라고 부릅니다. 이런 분들은 목사가 아닐 뿐이지 교회에서 중요한 일들을 감당하시는 분들입니다.

전도사 과정을 거치고 난 후에 1차 목사 시험을 치릅니다. 이것을 강도사 고시라고 하죠. 모든 교단이 강도사 과정이 있는 것은 아닙니다. 일부 교단은 신학대학원을 졸업한 후에 목사고시를 보고 2년 정도 전도사로 전임사역을 한 이후에 목사가 되기도 합니다. 그래도 장로교의 많은 교단에서는 강도사 과정이 있습니다. 이분들이 목사가 되기 위해서 1차 시험을 치르고 2차 시험을 치르는데, 그전까지 강도사로 사역을 하십니다.

 목사님은 어떻게 소명을 받으셨나요?

저는 고등학교 때 목사가 되겠다는 생각을 했습니다. 그전에는 목사가 되겠다는 생각을 꿈에도 해 본 적이 없습니다. 목사는 저와 다른 사람이라고 생각했던 것이죠. 그런데 어느 날 마음속에서 하나님이 제가 목사가 되기를 원하신다는 것을 느끼기 시작했습니다. 그러나 저는 목사가 되는 것이 정말 두려웠습니다. 목사가 되려면 교회 성도들에게 본이 되는 삶을 살고 모범적인 신앙생활을 해야 하는데 그럴 자신이 없었거든요.

성경에 보면 예수님께서 작은 자 하나라도 실족케 하는 자는 연자 맷돌을 매고 바다에 빠지는 것이 더 낫다고 하신 말씀이 있습니다. 그때 그 말씀이 그렇게 두려울 수가 없었습니다. 한 사람이라도 저를 보고서 '아, 목사님이 왜 저럴까'라고 예수님을 믿지 않거나, 교회에 나오지 않으면 어떻게 될까… 정말 제가 연자 맷돌을 목에 매고 바다에 빠져야 하지 않겠습니까?

그래서 하나님께 기도했습니다. '하나님 저는 그럴 자격이 없습니다. 하나님이 저를 만들어 쓰시면 모를까, 지금 제 모습을 보면 전혀 목사가 될 자격이 없습니다.' 그런데 하나님께서 점점 저를 그렇게 만들어 가시는 것을 느꼈습니다.

어느 날은 하나님한테 이렇게 기도했습니다. '하나님 저는 눈물이 없습니다. 목사가 앞에서 기도 인도를 하는데 먼저 눈물을 흘릴 줄 모르면 어떻게 은혜가 되겠습니까? 성도들이 시험에 듭니다. 그래서 저는 목사가 되기 어려울 것 같습니다.' 별의별 핑계를 다 댄 거죠. 그런데 어느 날 아침에 일어났는데 갑자기 찬송가가 부르고 싶어서 찬송가를 펼쳐서 부르는데 그렇게 눈물이 나는 겁니다. 그날 아침부터 펑펑 울기 시작했습니다. 그날 이후로 제가 눈물이 많은 사람이 되었습니다. 요즘은 텔레비전을 보다가도 잘 울곤 합니다. 남자인데 너무 울어서 가끔 창피할 때도 있습니다. 기도를 함부로 하는 것이 아닙니다.

하나님께서 이렇게 저를 만드셔서 제가 지금의 목사가 됐습니다. 그 이후에도 하나님께서 부족한 저를 여러 과정을 통해서 고생도 시키시고, 공부할 기회도 주셔서 목사가 될 수 있었습니다. 그래서 목사는 하나님께서 만드신 분이라고 저는 믿고 있습니다.

교회에는 목사님이나 전도사님 외에도 장로님이나 권사님, 집사님 등이 있는데, 그분들은 누구신가요?

장로님이나 권사님, 그리고 집사님은 평신도 직분입니다. 목사님이나 전도사님, 그리고 강도사님은 교회의 일이 직업이신 분들입니다. 다른 일은 하지 않고 교회 일만 하시는 분들입니다. 그런데 장로님이나 권사님, 집사님은 자기 직업을 가지고 성도로서 교회를 다니는데 그 일을 더 잘하라고 주는 직분입니다.

장로님은 성도들 중에서 특별히 연세가 있으시고 신앙생활에 모범이 되시는 분들입니다. 목사님이 추천하기도 하고, 다른 장로님들이 추천해서 성도들의 투표로 선출합니다. 민주적인 절차를 거쳐서 뽑는 것이죠. 그러면 역시 목사님들처럼 안수를 받으십니다. 장로님은 한 번 임명이 되면 중간에 큰 문제가 없는 한 계속 일하게 됩니다. 정년이 보통 70세인데 한 번 임명이 되면 정년까지 수고를 하십니다. 이분들은 보통 목사님을 도와서 교회를 이끄시는 분입니다. 이렇게 목사님과 장로님들이 함께 의논하는 모임을 당회라고 하는데, 여기서 교회의 중요한 일들이 의논되고 결정됩니다. 장로님들은 보통 예배에서 기도 순서를 맡으시고, 교회의 여러 부서를 책임지는 일을 하십니다.

권사님은 교단마다 그 의미가 다르지만 보통 장로는 남자 분들이 맡으시고, 여자분들 중 나이가 있으시고 교회에 모범이 되시는 분들이 권사가 되십니다. 역시 목사님이나, 장로님들의 모임인 당회에서 추천을 하고 선거를 통해서 선출됩니다. 그러면 안수가 아닌 임명을 통해서 교회에서 일하시게 됩니다. 물론 보수가 없는 봉사 직책입니다.

감리교 같은 경우는 남자 분들도 권사가 됩니다. 그리고 여자분들도 장로가 됩니다. 장로가 되기 전의 단계로 권사라는 직분을 두는 것이죠.

대부분 교회에서는 집사 직분이 있습니다. 원래는 봉사하는 직책입니다. 1년에 한 번씩 교회에서 임명하고 있습니다. 일 년 봉사하고 교회의 모범이 된다고 생각되면 새해에도 또 집사로서 임명을 하게 됩니다.

장로교에서는 안수집사라는 직분도 있습니다. 이분들은 매년 임명을 받는 것이 아니라 안수를 통해서 퇴임할 때까지 집사로 일하시고, 또 이분들 중에 어떤 분들은 선거를 통해서 장로가 되기도 하십니다.

 이젠 알아요!

 하나님이 내게 주신 사명을 어떻게 감당하고 있는지 생각해 봅시다.

 훌륭한 목사님과 직분자들을 생각해 보고 내 직분과 사명을 생각해 봅시다.

 내가 속한 교회와 교단의 목사 과정과 직분 과정을 알아보고 얘기해 봅시다.

9장 개신교와 가톨릭은 어떻게 다르나요?

너희는 그리스도의 몸이요 지체의 각 부분이라
● 고린도전서 12장 27절

우리가 보통 교회라고 하면 개신교와 가톨릭교회로 알고 있습니다. 그리고 정교회가 있다고 들었는데, 이런 교회가 어떻게 생기게 됐나요?

원래 교회는 하나로 시작을 했습니다. 예수님이 돌아가신 이후에 그를 믿는 자들이 모여서 교회를 만들게 됐는데, 이 교회가 선교를 통해서 지중해를 중심으로 유럽과 서아시아, 그리고 아프리카 북부 지방까지 전파가 된 것입니다. 313년에는 로마의 황제인 콘스탄틴

대제가 갑자기 기독교인이 되고, 기독교를 공식적인 종교로 인정하는 일이 일어납니다.

기독교가 일어나고 300년 동안을 로마제국과 황제들에 의해서 끝없이 박해를 받아오던 종교가 망하지 않고 300년 만에 로마의 공식 종교이자 나라의 종교로, 즉 국교가 되는 일이 일어나게 된 것이죠. 그래서 기독교는 로마 지배에 있는 모든 지역에서 믿게 되었고, 교회 역시 하나로 존재하게 됐습니다.

그런데 7세기경 서아시아 지방과 북아프리카 지방은 이슬람 세력에게 점령당했습니다. 그래서 지금의 터키 땅인 콘스탄티노플을 중심으로 하는 교회와 로마를 중심으로 하는 교회가 나뉘어서 교회 역사에 중요한 역할을 감당하게 됩니다. 그런데 동로마제국이 무너지면서 교회도 점점 반목과 갈등을 겪다가 11세기경에 이르러서는 로마를 중심으로 하는 가톨릭교회와 콘스탄티노플을 중심으로 하는 정교회로 나뉘게 된 것입니다.

이렇게 로마에 있는 교황이 전 세계 교회의 우두머리 노릇을 하려고 했기 때문에 교회가 갈라지게 됐습니다. 전통적으로 동등한 지위에 있었던 로마 대표와 콘스탄티노플 대표가 갈등을 겪게 된 이유입니다. 이런 이유로 먼저 가톨릭교회와 정교회가 갈라지게 됐습니다.

그러면 개신교는 언제 갈라지게 됐나요?

개신교가 갈라진 것은 16세기입니다. 정확하게는 독일의 마틴 루터가 자신이 사역하던 교회인 비텐베르크 성교회 정문에 95개조에 달하는 가톨릭교회에 대한 반박문을 내걸었던 1517년 10월 31일을 기준으로 잡고 있습니다.

마틴 루터가 가톨릭교회에 대해서 불만을 품게 된 것은 직접적으로는 면죄부 때문이었습니다. 당시 로마 가톨릭교회는 거대한 성당인 베드로 성당을 짓기 위해서 많은 돈이 필요했습니다. 그래서 돈을 주고 면죄부를 사면 자신의 죄가 용서되고 천국에 갈 수 있다고 했습니다. 이런 면죄부는 성경에는 찾아볼 수 없는 것이었습니다.

이런 부조리를 본 마틴 루터가 그 잘못을 지적하면서 종교개혁이 일어나게 됐습니다. 그리고 마틴 루터가 독일에서 종교개혁을 일으킬 때 스위스에서는 쯔빙글리나 칼빈 등이 종교개혁을 일으켰습니다. 유럽의 여러 곳에서 교황의 문제를 지적하며 종교개혁이 일어난 것입니다. 그래서 이후에 개신교, 즉 프로테스탄트가 생겨나게 됐습니다. 이 프로테스탄트라는 말은 '저항하는 자'라는 뜻인데, 이것이 개신교의 이름이 되었습니다.

> **마틴 루터가 비텐베르크 성교회에 붙인 95개조 논조 중에서**
> 5. 교황은 그 직권으로 교회의 권위를 이용해서 징계나 그 어떤 벌도 용서할 권세를 갖지 못한다.
> 62. 교회의 참 뜻은 하나님의 영광과 은총과 복음이 되는 것이다.

가톨릭과 정교회, 그리고 개신교가 생겨나게 된 배경이 그렇군요. 지금 이 세 교회는 지역별로 특성이 있다고 들었습니다.

이 세 교회는 지역별로 나뉘어져 있습니다. 정교회 같은 경우는 동구권, 즉 과거 공산주의 국가에서 존재하고 있습니다. 대표적인 것이 러시아 정교회입니다. 그 외에도 그리스 정교회 등이 있습니다. 이런 정교회는 나라마다 교회의 조직이 있다는 것이 특징입니다. 그리고 민족적으로 보면 슬라브 민족이 정교회입니다. 이들은 공산주의가 지배하던 기간에도 절대로 위축되지 않고 민족종교로서 그 역할을 해 왔고, 공산주의가 무너진 이후에는 그 세력이 더 커지면서 많은 사람들이 찾고 있습니다.

그리고 가톨릭은 유럽의 남쪽에 자리 잡고 있습니다. 이탈리아와 프랑스, 스페인, 포르투갈 같은 나라들입니다. 이 나라들은 라틴민족이라는 특징이 있습니다. 이들은 라틴어에 뿌리를 둔 비슷한 언어들을 구사하고 있습니다. 또 이들의 식민지였던 남아메리카 대륙의 나라들이 다 가톨릭 국가입니다. 브라질이나 아르헨티나 같은 나라들은 가톨릭 인구가 많습니다.

개신교는 독일을 중심으로 네덜란드, 북유럽의 덴마크, 스웨덴, 노르웨이 같은 나라들이 있고, 영국과 스코틀랜드, 그리고 그 영향을 받은 미국이 대표적인 개신교 국가입니다.

개신교는 대략 두 가지 줄기가 있습니다. 하나는 루터교 계통이고, 또 하나는 칼빈주의입니다. 루터교는 독일과 스칸디나비아 삼국으로 불리는 덴마크, 노르웨이, 스웨덴 같은 나라에 있습니다. 그리고 칼빈주의는 그 외의 개신교 종파들을 다 아우른다고 할 수 있습니다. 물론 영국 국교회는 제외가 됩니다. 그러나 다른 종파들, 즉 장로교는 직접적인 영향을 받았고, 그 외의 종파들도 직접적으로나 간접적으로 칼빈의 가르침을 지키고 따른다고 할 수 있습니다.

루터교는 가톨릭과 외형적으로 크게 다르다고 볼 수 없습니다. 루터가 종교개혁을 일으킬 때도 가톨릭교회와 크게 분리된다는 생각을 하지 않았던 것 같습니다. 그래서 많은 부분 가톨릭의 형식을 받아들였습니다. 그러나 내적인 가르침을 보면 완전히 다른 종교입니다.

이와 반대로 칼빈의 경우는 아주 과격하게 가톨릭의 전통을 배격했습니다. 가톨릭은 교회 내부에 그림도 많고 장식도 많아서 아주 화려한데, 칼빈은 그런 장식들을 모두 없애 버리고 오직 예배를 드리는 장소로 교회를 단순하게 만들었습니다. 그리고 목사들의 옷인 가운도 아무런 장식 없이 까만색으로 입어서 모든 치장을 없앴습니다. 이렇게 외적인 부분부터 내적인 가르침에 이르기까지 칼빈은 완전히 다른 개혁을 이룬 것입니다.

개신교가 일어나게 된 종교개혁의 특징은 무엇인가요?

교리적으로는 세 가지입니다. 첫째 오직 믿음으로, 둘째 오직 말씀으로, 셋째 오직 하나님께 영광이라는 것입니다. 구원은 어떤 행위를 통해서 얻는 것이 아닙니다. 우리가 무엇을 한다고 구원을 받는 게 아니라는 것입니다. 오직 우리가 하나님을 믿고, 예수님을 믿을 때 구원을 얻을 수 있습니다. 그리고 둘째, 다른 가르침이 아니라 오직 성경의 가르침을 통해서만 바른 가르침을 얻을 수 있습니다. 교황의 가르침이나 교회의 선생들이 만들어 낸 가르침을 통해서 구원을 받는 것이 아니라, 성경이 가르쳐 준 가르침을 통해서만이 바른 신앙을 가질 수 있고, 구원에 이를 수가 있습니다. 그리고 셋째, 오직 하나님께 영광이라는 것입니다. 이것은 교황에게 영광을 돌리던 당시의 가톨릭교회의 문제를 지적하면서 우리의 영광을 받으셔야 할 분은 오직 하나님 한 분이시라는 것을 말하는 것입니다.

또 다른 특징은, 종교개혁이 일어나기 전까지 기독교는 귀족들 중심의 종교였습니다. 그래서 성경은 라틴어로 되어 있었고, 찬송가도 모두 라틴어로 되어 있었습니다. 당시 라틴어는 전 세계적으로 통용되는 언어였지만 평민들은 모르는 귀족들의 언어였습니다. 그런데 가톨릭교회는 일부러 성경과 찬송가를 독일어나 영어와 같은 자국어로 번역을 하지 않고 라틴어로만 사용하도록 했습니다.

그래서 배우지 못한 평민들은 예배에 참석해도 성경봉독이나 설교, 찬송과 같은 예배 시간의 순서를 이해하지 못했습니다.

  종교개혁이 일어나면서 먼저 성경을 독일어나 영어와 같은 자국어로 번역하는 일이 일어났습니다. 모든 사람들이 성경을 읽고 이해할 수 있도록 한 것입니다. 그리고 찬송가를 자국어로 번역하고 평민들이 즐겨 부르는 민요와 같은 곡에 가사를 붙여서 부르기도 했습니다. 많은 사람들이 찬송가를 부를 수 있게 한 것이죠.

  그리고 교회에서 글을 가르치고 사람들에게 성경을 가르쳐 주었습니다. 이로써 모든 사람들이 혼자 힘으로 성경을 이해하고 하나님께 나가도록 해 준 것이죠.

그러면 요즘은 어떤가요, 지금도 이렇게 많이 다른가요?

지금도 여러 가지 면에서 가톨릭과 개신교는 많이 다릅니다. 먼저 교회에 대한 이해가 다릅니다. 앞에서 교회에 대해서 말씀드릴 때 '교회는 믿는 자들의 모임'이라고 설명을 드린 적이 있습니다. 이것이 개신교가 생각하는 교회입니다. 교회의 이름으로 모이는 회중이 바로 교회라는 것이죠. 그런데 가톨릭은 감독이 있는 곳에 교회가 있다고 생각합니다. 즉 신부님이 없으면 그곳에 아무리 사람이 많이 모여도 교회가 아닙니다. 신부님이 성찬도 베풀고, 미사도 드려야지만 교회가 된다는 것이죠. 우리가 시골에 가면 가톨릭 공소라는 곳이 있습니다. 교회당 같은데 교회가 아니라 공소라고 합니다. 여기서 '공'자는 빌 공(空)자입니다. 즉 신부가 없는 장소라는 의미입니다. 사람들이 모여서 미사는 드리는데 정해진 신부님이 없기 때문에 교회가 아닌 공소가 되는 것입니다.

이런 교회에 대한 이해는 실천을 할 때도 많은 차이를 가져옵니다. 예를 들어서 개신교회는 상당히 민주적입니다. 모든 사람들이 교회 행정에 참여할 수 있고 여러 가지 회의도 합니다. 목사님과 함께 장로님이 있고, 집사님도 있습니다. 이런 사람들이 의논해서 교회 일을 처리합니다. 그리고 몇 달에 한 번, 또는 일 년에 한 번씩 전 교인이 모여서 한 해의 살림을 점검하는 총회를 엽니다. 예배도 평신도들이 함께 참여해서 성경봉독이나 대표기도를 하고, 사회를 보기도 합니다.

그런데 가톨릭은 신부 위주이기 때문에 평신도의 참여가 일부에 그치고 있습니다. 신부님 고유의 권한을 인정해 주는 편이죠. 그분이 성찬식을 인도하면 지금도 빵과 포도주가 정말 예수님의 살과 피로 변한다고 믿습니다. 그런 능력이 신부에게 있다는 것이죠. 그리고 가톨릭 성도들은 고해성사라는 것을 합니다. 신부에게 자신의 죄를 고백하고 용서를 받는 의식을 말하죠.

그리고 가톨릭은 개신교와 다르게 성모 마리아와 성인들이 있습니다. 이분들이 성모 마리아를 강조하는 것은 삼위일체이신 하나님

외에 또 다른 신을 믿는 것이 아니라 하나님께 직접 기도하는 것이 어렵고, 두렵기 때문에 예수님의 어머니인 성모 마리아께서 대신 자신들의 기도를 들어달라고 부탁을 하는 것입니다. 이처럼 성인들을 신앙의 모범으로 삼을 뿐만 아니라 이분들에게 자신들의 기도를 대신 전해 달라고 부탁하기도 합니다.

개신교는 예수님이 십자가에 달려 돌아가시면서 인간과 하나님 사이에 화해가 이루어졌다고 보기 때문에 이런 중보자가 필요 없다고 봅니다. 성령님께서 바로 이런 역할을 감당해 주시는 것이죠. 물론 우리가 존경하는 신앙의 선배들은 있습니다. 그러나 하나님과 우리 사이에 이런 분들이 역할을 한다는 것은 상상할 수 없는 일입니다.

개신교와 가톨릭이 이렇게 다르군요. 설명을 들으니 그 뿌리는 같은데 발전해 온 과정이 다르다는 생각이 듭니다.

그렇죠. 예수님 이후에 생겨난 교회이고 성경에 바탕을 둔다는 입장에서는 개신교나 가톨릭, 그리고 정교회가 다 한 뿌리를 가지고 있습니다. 그런데 그것이 이천 년을 흘러오다 보니 성경에 대한 해석이 다르고, 교회가 만들어 놓은 전통이 달라진 것입니다. 그래서 다른 종교인 것 같으면서도 같은 종교가 바로 이 세 종교입니다.

역사적으로 보나 현재의 정황으로 보나 아직도 세계적으로 이런 종교의 차이 때문에 전쟁을 치르는 나라들이 있고, 아직도 이런 반목이 있습니다. 그러나 대부분은 종교 문제가 아니라 그 뒤에 숨겨진 민족주의 같은 다른 요소가 자리하고 있습니다.

세계는 20세기 이래로 종교 간의 대화를 시도하고 있습니다. 개신교, 가톨릭, 정교회가 대화를 나누고 화해하려는 것이죠. 저는 이런 노력이 의미 있다고 봅니다. 그런데 중요한 것은 이 세 종교가 하나가 된다는 것은 어려운 일이고, 서로 잘 지내면서 화해하는 일이 일어나면 좋겠습니다.

 교회의 역사를 통해서 말씀하시는 하나님의 계획과 뜻을 생각해 봅시다.

 오직 믿음과 말씀과 영광으로 돌아가자는 개신교의 신앙 가운데에서 내가 회복해야 할 것은 무엇입니까?

 교회역사에 대해서 배웠던 것을 나누어 봅시다.

10장 한국교회는 어떻게 시작되었나요?

기뻐하고 즐거워하라 하늘에서 너희의 상이 큼이라
너희 전에 있던 선지자들도 이같이 박해하였느니라 ●마태복음 5장 12절

한국에서는 기독교가 어떻게 시작됐는지 궁금합니다.

조선시대 말기에 기독교가 처음 한반도에 들어오게 됩니다. 물론 이보다도 100년 전에 가톨릭이 들어오기는 했지만, 조선왕조에 의해서 철저하게 박해를 받아 수많은 순교자가 생기고 종교로 자리를 잡지 못했습니다. 그런데 개신교는 1880년대 조선에 들어왔는데, 박해를 받고 괴로움을 당하기보다는 이 땅에서 잘 정착하고 자리를 잡게 되었습니다. 그 이유는 시대적인 배경도 있을 것이고, 기독교

선교사들이 섬기는 자세로 이 땅에 들어와 조선을 위해서 많은 일을 했기 때문입니다.

시대적 배경과 선교사들의 전략이 잘 맞아떨어졌다는 말씀이신데, 구체적으로 어떤 일이 있었나요?

기독교가 들어온 시대는 조선왕조가 몰락하던 시기입니다. 그러면서 개화기에 들어서는데, 개화라는 것은 개물화인(開物化人)의 약자로 물건은 열고, 사람은 변화시킨다는 뜻입니다. 즉 다시 말해서 서양의 새로운 문물을 받아들여서 과학문명을 발전시키고, 그간 유교에 찌들었던 사람들의 생각은 변화시키고자 했던 것입니다. 이런 개화운동을 펼쳤던 사람들은 기독교가 바로 이런 대안이 될 수 있다고 생각했습니다. 서양 선교사들이 서양 문물을 들여오는 통로의 역할도 했고, 동시에 기독교 신앙과 사상이 유교에 갇힌 사람들의 사고를 열어주고 새로운 생각을 하도록 도와줄 수 있다고 생각한 것이죠. 그래서 이 당시 개화세력들은 기독교를 많이 믿게 되었고 교회로 찾아왔다고 합니다.

그래서 기독교는 들어올 때부터 조선시대의 새로운 대안으로, 또 이 나라를 살릴 수 있는 가능성으로 평가되었습니다. 처음 우리나라에 들어온 선교사는 알렌이라는 의사입니다. 이분은 미국 공사관의 의사로 들어왔습니다. 그런데 1884년 놀라운 일이 일어납니다. 당시 민비, 즉 명성황후의 조카였던 민영익이 갑신정변에서 칼을 맞았는데, 그때 알렌이 그를 살리게 됩니다. 그 이후에 알렌에 대한 조선왕조의 신임이 두터워지죠. 알렌은 이 공로를 인정받아서 임금님의 의사인 어의가 됩니다. 알렌은 이런 조정의 신임을 토대로 처음으로 서양식 병원인 제중원을 설립해서 이 땅에 수많은 사람을 살렸습니다. 그리고 유행병 등을 막는데도 앞장서서 우리나라의 공중보건을 세우게 됩니다.

그런 일이 있었군요. 그래서 알렌이 선교사로 자연스럽게 병원을 설립할 수 있었군요. 그러면 또 다른 사건이 있었나요?

1895년 명성황후가 일본의 자객에 의해서 시해를 당한 일이 일어납니다. 그러자 고종 황제가 심히 불안해합니다. 자신의 궁에서 왕비가 죽임을 당했고, 더군다나 신하들이 그 일에 연루되었으니 아무도 믿지 못한 것이죠. 그때 고종 황제가 찾은 사람이 바로 이 서양 선교사들이었습니다. 권총을 들고 선교사들이 고종 황제가 잠든 침상을 지켰던 것입니다. 이처럼 한국 기독교는 일본이라는 제국주의에 맞서는 세력으로 이 땅에 들어오게 됩니다. 이들은 자국의 이익이 아니라 선교지인 조선의 이익을 위해서 일하는 사람들로서 이 땅에 들어오게 된 것이죠. 알렌과 같은 사람은 후에 선교사가 아니라 오히려 대한제국의 외교관으로서, 그리고 미국의 외교관으로서 더 많은 일을 감당하게 됩니다. 그만큼 조정의 믿음이 대단했다는 것을 보여 줍니다. 이런 관계로 초기의 선교사들은 조정의 전폭적인 지지 가운데 이 땅에서 선교를 할 수 있었습니다. 그래서 한국 교회에서 수많은 애국지사들이 나오고, 민족 지도자들이 배출될 수 있었던 것입니다.

기독교가 민족을 살리고, 민중을 살리는 종교로 조선 땅에 들어왔다는 것이 의미가 있네요. 그런데 기독교가 사람을 변화시켰다는 것은 어떤 의미인가요?

조선의 유교적 전통에서 사농공상이라는 신분의 차이가 있었습니다. 기독교는 하나님의 사랑으로 이런 구분을 깼다고 볼 수 있습니다. 모든 사람이 다 하나님 앞에서 같은 인간이라는 사실을 가르쳐 준 것이죠. 아까 말씀드렸던 제중원의 4대 원장이었던 에비슨 선교사가 하루는 무어 선교사라는 분의 요청으로 남루한 집에서 한 사람의 병을 고치고 그를 살리게 됩니다. 그 사람의 직업은 백정이었습니다. 알다시피 조선시대에 백정은 사람 취급을 못 받는 사람들이었습니다. 그런데 임금님의 의사인 에비슨이 직접 이 백정의 집에 몇 번이고 찾아가서 죽어가는 사람을 살려 준 겁니다. 이 사람은 감동을 받고 예수를 믿게 됩니다.

백정은 원래 이름이 없는데 이 사람은 예수를 믿고 의식이 바뀌었습니다. 그리고 선교사들의 도움을 받아서 많은 백정들을 모아 백정 권리운동을 시작했습니다. 결국 왕의 승낙으로 백정도 평민들처럼 이름도 갖게 되고, 갓도 쓰고, 상투도 틀 수 있도록 허락을 받게 된 것입니다. 그냥 박가 성을 가진 백정이었던 이분도 봄을 이룬다는 뜻으로 박성춘이라는 이름을 갖게 되었습니다.

박서양 (1885~1940) 우리나라 최초의 의사가 된 백정 박성춘의 아들.

이분이 후에 승동교회에서 장로가 되어서 교회 지도자가 되었습니다. 후에는 민족의 지도자가 되고, 훌륭한 금융인이 되는 역사가 일어났습니다. 그리고 그의 아들 박서양은 지금 연세대학교가 된 세브란스 의학교에서 공부를 해서 우리나라 최초의 의사가 됩니다. 이분은 후에 북간도에서 병원과 학교를 세워서 민족의 지도자들을 교육시키고 독립운동을 하게 됩니다.

바로 이것이 기적입니다. 사람 취급을 못 받던 백정이 복음을 받아들이고 변화되어서 사회를 변화시키고, 교회 장로가 되고, 민족의 지도자가 되는 일이 일어난 것입니다. 이런 일 때문에 서양의 종교였던 기독교가 이 땅에서 자리를 잡을 수 있었습니다.

> 사람이 복음으로 변화되고 훌륭한 일을 감당했다는 사실이 참 놀랍네요. 이 당시 기독교가 한 일이 또 무엇이 있을까요?

저는 무엇보다도 한글운동을 꼽습니다. 선교사들이 조선 땅에 들어올 때 참 재밌는 사실을 발견했습니다. 말은 조선말을 하는데 글을 쓸 때는 중국의 말인 한자를 쓰는 것입니다. 한자는 소리가 나는 대로 쓰지 않고 글의 한 자, 한 자가 곧 단어이기 때문에 중국어로 번역했다는 말이 맞는 것이죠.

당시 조선 사람들, 좀 더 정확히 말한다면 조선의 양반들은 세종대왕께서 한글을 만드신지 400년이 지났는데도 한글을 사용하지 않고 한문을 사용했습니다. 가난하고, 낮은 계급의 사람들이 글을 몰라서 공부를 하지 못하게 한 것입니다. 공부를 못하니 벼슬도 못하고, 사회의 지도자로서 역할을 하지 못한 것이죠. 그래서 재산이 있고, 공부만 할 수 있는 여건을 가진 양반들만이 한자를 배워서 공부를 했습니다.

그런데 선교사님들은 조선에 들어오면서 양반의 글인 한문 성경이 아니라 민중의 언어인 한글을 선택했습니다. 중국에는 이미 한문 성경이 있었지만 일부러 한글을 배워 성경을 한글로 번역해서 가지고 들어왔습니다. 이렇게 선교사님들은 조선에서 양반이 아니라 민중들을 상대로 선교를 펼치겠다는 뜻을 세우신 것입니다.

❓❓ 목사님 말씀을 들으니까, 우리가 한글 성경을 가지고 있다는 것이 참 뜻 깊은 일이네요. 그런데 당시 한글 성경만 있다고 될 일이 아니고 한글을 가르쳐야 되지 않았나요?

그래서 교회에서는 예배를 드리기 한두 시간 전에 사람들을 모아서 한글을 가르쳤는데, 정말 많은 사람들이 모였습니다. 당시 양반만 글을 배울 수 있고 평민들은 글을 배울 기회가 없었는데 교회에서 글을 가르쳐 준다고 하니 사람들이 기뻐서 모여든 것입니다. 글을 배우기 시작하고 나서 사람들에게 많은 변화가 일어났습니다.

먼저 여자들과 가난한 아이들이 글을 배워서 자신들도 양반과 같은 인간이라는 사실을 알게 됐습니다. 그리고 양반들이 중국에 대한 사대사상으로 우리나라 글을 사용하지 않았는데 평인들은 글을 배우고 나서 자신 있게 내 나라 글을 사용했습니다. 글을 배우고 공부를 해서 새로운 직업을 가지는 일이 일어난 겁니다.

미국의 선교사 게일이라는 분은 이 놀라운 일을 보면서 하나님께서 복음을 위해서 한글을 숨겨 놓으셨던 것 같다는 말을 하기도 했습니다. 이 민족이 이렇게 좋은 글을 만들어 놓고 400년 동안 사용하지 않았다는 것은 이 글이 복음을 기다렸다고밖에 이해할 수 없다는 것이죠.

이런 조선 사람들의 호응에 힘입어서 한국교회는 적극적으로 한글 운동을 펼쳐 나갑니다. 그래서 모든 문서를 한글로만 적기로 하고, 교회에서 임원이 되려면 먼저 한글 시험을 봐야 하고 한글을 익힌 사람만이 교회 간부를 할 수 있도록 했습니다. 그리고 이미 말했듯이 교회에서 한글교육을 시켰고, 각 곳에 학교를 세워서 아이들을 교육시켰습니다.

이렇게 한 나라에 기독교가 들어와서 사회를 변화시키고, 사람들을 변화시킨 예가 없을 것 같다는 생각이 듭니다. 그만큼 기독교가 중요한 역할을 했기 때문에 교회로 사람들이 몰려들 수밖에 없었습니다.

아까 목사님이 조선의 기독교는 일본 제국주의에 반대하는 입장에서 한국에 들어왔다고 하셨는데요, 무슨 뜻인가요?

보통 다른 나라에서는 기독교가 서양의 제국주의가 팽창할 때 같이 들어왔습니다. 물론 그 이전부터 들어오기도 했죠. 그런데 우리나라는 하나님께서 복을 주셔서 서양의 제국주의가 아니라 일본의 제국주의에 맞서는 종교로 들어오게 됐습니다. 기독교가 들어오기 시작할 때만 해도 일본이 이 나라에서 지배권을 행사하던 때입니다. 이미 많은 부분 조선의 국권이 상실했던 때였죠.

이때 선교사들이 복음을 가지고 들어와서 민족의 지도자들을 세워 나갔습니다. 사람들을 변화시켜서 이 민족에 필요한 사람들을 키워낸 것이죠. 그래서 백정도 민족의 지도자가 되는 역사가 일어나게 됩니다. 그 외에도 이승만, 서재필, 김구, 안창호, 조만식, 여운형 같은 지도자들이 생겨났습니다.

선교사들은 연세대학교, 숭실대학교, 세브란스의과대학, 이화대학교, 이화여고, 배재학교 등 수많은 학교들을 서울과 지방에 세워 나갔습니다. 이 학교를 통해서 민족의식을 가진 지도자들이 많이 배출되었습니다.

> **105인 사건** 1911년 일본이 기독교와 신민회의 항일 운동을 탄압한 사건. 안중근 의사의 사촌 동생이 일본 총독을 죽이려다가 실패한 사건이 있었는데 일본 경찰이 이 사건을 구실삼아 신민회와 민족지도자, 기독교인 600여 명을 검거하고 이중 105명을 기소시킴.

이런 의식 있는 분들이 항상 교회에서 다른 사람들에게 민족의식을 일깨우고 나라를 되찾아야 한다고 교육시킨 결과죠. 그래서 일제는 한국교회가 항상 눈엣가시처럼 미웠고, 또 교회를 두려워했습니다.

일제가 정권을 잡은 1911년에 기독교를 탄압하려고 105인 사건을 일으킵니다. 이 사건은 기독교의 세력을 약화시키려던 속셈으로 105인의 기독교 지도자들을 일제히 잡아들인 조작된 사건입니다.

목사님 말씀을 들으니 기독교가 개화기부터 일제시기까지 중요한 일을 많이 했네요.

그렇죠. 특히 3·1운동은 기독교가 가장 앞장서서 일으킨 운동이 아니겠습니까? 3·1독립선언서에 서명한 33인의 민족지도자 중에 16명이 기독교인이었습니다. 그중에는 목사도 있었고, 장로도 있었습니다. 그리고 3·1운동이 일어난 곳을 살펴보면 대개가 교회가 있는 곳이었습니다. 교회에서 기독교인들이 중심이 되어서 만세운동을 일으켰던 것입니다. 한국교회는 이렇게 일찍부터 민족을 위한 종교로 자리를 잡게 되었고, 이런 역사적 사실을 바탕으로 오늘날 한국교회가 발전을 할 수 있었습니다.

한국 역사 속에서 교회는 어떤 역할과 사명을 감당했는지 생각해 봅시다.

우리 교회의 역사와 유래를 알아봅시다.

앞으로 한국교회가 감당해야 할 역할과 사명에 대해서 나누어 봅시다.

3부
우리는 무엇을 고백해야 하나요?

11장 기도를 묻다 예수님이 답하다
－주기도문 Ⅰ

요한이 자기 제자들에게 기도를 가르친 것과 같이 우리에게도 가르쳐 주옵소서
● 누가복음 11장 1절

하늘에 계신 우리 아버지여

이름이 거룩히 여김을 받으시오며

나라가 임하시오며

뜻이 하늘에서 이루어진 것 같이

땅에서도 이루어지이다

오늘 우리에게 일용할 양식을 주시옵고

우리가 우리에게 죄 지은 자를 사하여 준 것 같이

우리 죄를 사하여 주시옵고

우리를 시험에 들게 하지 마시옵고

다만 악에서 구하시옵소서

나라와 권세와 영광이

아버지께 영원히 있사옵나이다. 아멘.

예배 중에 주기도문이라는 것을 외웁니다. 보통 예수님이 가르쳐 주신 기도라고 들었는데요, 주기도문이 뭔가요?

말씀하신 대로 우리의 주님이신 예수님께서 가르쳐 주신 기도입니다. 제자들이 예수님께 기도를 가르쳐 달라고 했을 때 예수님이 직접 알려 주신 기도라고 성경에 나와 있습니다. 이것이 기원이 되어서 우리는 이 기도문을 예배를 드릴 때나 모임이 있을 때, 또는 혼자서 기도를 드릴 때나 함께 있을 때 외우고 있습니다. 주기도문은 예수님이 가르쳐 주신 기도이기 때문에 완벽한 기도라고 할 수 있습니다.

예수님은 왜 이런 기도문을 주셨나요?

두 가지입니다. 성경에는 주기도문이 두 군데에 나옵니다. 먼저는 마태복음인데, 마태복음에서 예수님은 기도하는 방법을 말씀하시면서 이 기도문을 가르쳐 주십니다. 예수님은 먼저 외식하는 자와 같이 되지 말라고 하십니다. 외식한다는 것은 종교생활을 잘하고 있다는 것을 과시하려는 행동을 말합니다. 실제로는 그렇게 경건하지 않으면서 사람들에게 자신의 신앙을 과시하려는 사람입니다. 이들은 회당이나 넓은 거리 어귀에서 큰 소리로 기도했습니다. 사람들이 그들을 보고 '열심히 기도하는구나'라고 칭찬해 주길 바란 것이죠. 그래서 예수님께서는 이들에게 골방에 들어가서 은밀히 들으시는 하나님께 기도하라고 충고했습니다.

또 기도할 때 중언부언하지 말라고 하셨습니다. 기도를 할 때 말을 많이 하고 길게 해야 하나님이 들으신다고 생각하는데, 그렇게 하지 말라는 것입니다. 하나님은 우리가 무엇이 필요한지 알고 계시다고 하셨습니다. 그러니 중언부언, 주절주절 기도하지 말아야 합니다. 그러면서 예수님은 하나의 기도문을 만들어 주셨습니다. 이렇게 기도하라는 것이죠. 그래서 이 주기도문이 우리 기도의 모범이 됩니다.

예수님께서 직접 알려주신 모범 기도문이네요. 그러면 성경에 주기도문이 또 어디에서 나오나요?

누가복음 11장에 나옵니다. 여기에 보면 제자들이 먼저 기도를 가르쳐 달라고 합니다. 그런데 여기서 중요한 문장이 나옵니다. '요한이 자기 제자들에게 기도를 가르친 것과 같이' 우리에게도 기도를 가르쳐 달라는 것입니다. 아마도 당시 유대 사회에서 기도문을 만드는 관습이 있었던 것 같습니다. 유명한 선생님이 자신의 사상을 담은 기도문을 만들어서 전해 주면 제자들이 그 기도문을 외우면서 선생님의 생각이나 사상을 잘 이해할 수 있었던 것이죠.

> **요한** 회개한 죄인들에게 요단강에서 세례를 주던 유명한 예언자. 광야에 살며 낙타가죽으로 만든 옷을 입고, 메뚜기와 석청을 먹고 살았으며, 메시아이신 예수님의 오심을 미리 예비했으며, 예수님께 세례를 베푼 인물.

바로 이 부분이 중요합니다. 주기도문이 중요한 것은 이처럼 예수님의 중요한 생각들이 바로 이 안에 담겨 있기 때문이다. 그것도 요약하고 요약해서 몇 줄 안 되는 이 기도문에 담았습니다. 생각나는 대로 만든 기도문이 아니라 예수님의 모든 생애를 통해서 우리에게 가르쳐 주고자 했던 내용이 이 안에 다 들어 있고, 우리가 기독교인으로 어떻게 살아야 하는지를 요약해서 담아 놓은 것입니다.

그래서 우리가 이 기도를 외우는 것이 중요합니다. 이 기도문을 외운다는 것은 바로 이런 예수님의 중요한 가르침을 다시 새기는 것이며, 주님이 가르쳐 주신 대로 살겠다고 결심을 다지는 것입니다.

그래서 이 기도문을 예배 중에 모든 성도가 다 함께 외우는 것이군요.

그렇습니다. 그것은 우리가 모두 주님이 가르쳐 주신 기도처럼 배우고 살겠다고 하나님께 간구하는 것입니다. 또한 주의 기도를 드림으로써 우리가 이 기도 가운데 사는 사람이라는 것을 서로 확인할 수 있습니다. 나 혼자가 아니라 온 교회가 다 함께 이런 가르침대로 산다는 것을 확인하고, 나 또한 그 공동체의 일원으로 살겠다는 결심입니다. 기도는 기독교 신앙에서 아주 중요한 부분입니다. 이미 기도에 대해서 여러분과 함께 이야기를 나눈 적이 있습니다. 기도는 하나님과의 대화이고 교제입니다. 또한 기도는 하나님께 무엇을 해 달라는 기원임과 동시에 우리가 하나님의 뜻대로 살겠다는 결심이기도 합니다. 바로 주기도문은 이런 사실을 우리에게 가르쳐 줍니다. 그리고 이런 결심을 우리뿐만 아니라 온 교회가 함께한다는 것을 예배 때 주기도문을 드리며 확인하는 것입니다.

또한 주기도문을 통해서 이런 모임을 가지는 성도들이 한 기도를 드리는 가운데 한 교회임을 확인한다는 것이 중요합니다. 하지만 더 중요한 것은 눈에 보이지는 않지만 전 세계의 모든 성도들이 이 공통의 기도문을 통해서 모두가 한 신앙을 가진 공동체임을 확인하는 것입니다. 저 역시 독일에서 공부할 때 독일 교회를 다녀본 적도 있고, 외국인들과 함께 예배를 드린 적도 있었습니다. 그런데 예배를 드리며 주기도문을 외울 때마다 우리가 하나라는 것을 느끼곤 했습니다. 비록 말이 달라서 표현이 다르기는 하지만 같은 기도문을 각각의 언어로 외우고 기도할 때 그 기도 속에서 하나가 된다는 것을 느낄 수가 있었습니다. 오늘 이 시각에도 세계 곳곳에서 이 주기도문이 외워지고 있을 것입니다. 그 기도를 통해서 우리는 하나의 교회가 될 수 있습니다.

정말 교회가 하나라는 것이 이 공동의 기도문을 통해서 느껴지고 이해가 되네요. 전에 한 영화를 봤는데, 어려움에 처한 어떤 한 사람이 주기도문을 외우자 주위 사람들 모두가 따라서 외우기 시작했습니다. 모든 사람이 곧 죽게 되는 장면이었는데 적군 앞에서 조용히 한 사람, 한 사람이 주기도문을 따라 하는 장면이 아주 인상적이었습니다.

저도 그 영화를 본 적이 있습니다. 우리가 정말 어려움에 처하면 기도가 나오지 않는 경우가 있습니다. 말문이 막혀서 기도마저 할 수 없는 상황인 거죠. 고통 가운데 있거나, 절망 가운데 있을 때 우리는 기도할 힘마저 잃어버리는 경우가 있습니다. 그럴 때 이 기도문이 위로가 되고 힘이 됩니다. 우리 힘으로 기도하기 어려울 때 주님이 가르쳐 주신 기도를 따라 하면서 힘을 얻습니다.

그리고 모든 성도들은 이 주기도문을 익혀서 잘 알고 있기 때문에 한마음으로 하나님께 기도할 수 있습니다. 주기도문의 처음 시작이 '하늘에 계신 아버지'가 아닙니까? 바로 우리가 한 아버지의 자녀로서 모두 하나가 되어 한 목소리로 기도하는 것입니다. 우리는 이 기도를 하나님께서 들어주신다는 것을 역사를 통해서 알고 있습니다.

주기도문의 의미에 대해서 알아봤는데, 그러면 주기도문은 어떤 내용인가요?

주기도문은 크게 세 부분으로 나누어졌다고 볼 수 있습니다. 먼저 하나님을 찬양하고 그분의 뜻이 이 땅에 이루어지기를 기도하는 부분이 앞에 나옵니다. 다시 말해서 하나님의 이름이 거룩해지기를, 그리고 하나님의 나라가 이 땅에 임하기를, 또 하나님의 뜻이 이 땅에 이루어지기를 기도하는 것입니다.

두 번째 부분에서는 우리의 간구를 드립니다. '우리에게 일용할 양식을 주시고, 우리의 죄를 사해 주시고, 우리를 시험에 들지 말게 하소서'라는 것이 바로 이 간구의 부분입니다.

마지막으로는 나라와 권세와 영광이 하나님께 영원히 있기를 기도합니다.

첫 부분은 하나님께 드리는 기도라고 해서 '당신의 기도'라고 할 수 있습니다. 당신의 이름이 거룩해지고 당신의 나라가 임하시고, 당신의 이름이 거룩해지고 당신의 뜻이 땅에 이루어지기를 기도하는 것입니다. 원어로 보면 당신이라는 소유격이 매 단어에 붙어서 나오지만 우리나라의 주기도문에서는 이 '당신'이라는 단어가 생략되어 있습니다.

두 번째 기도는 '우리의 기도'라고 합니다. 우리의 먹을 것, 우리의 죄, 우리의 시험에 대해서 기도를 드리기 때문입니다. 여기서 확인하게 되는 것은 이 간구들이 '나의 기도'가 아니라는 것입니다. 이 기도가 개인적으로 드릴지 몰라도 다시 보면 '우리의 기도'입니다. 우리의 먹을거리에 관한 문제이고, 우리의 죄에 대한 문제이고, 우리의 시험에 관한 문제입니다. 이 기도를 드리는 동안, 그리고 이 기도를 하는 모든 사람은 바로 이 가운데 하나가 됩니다. 다시 말하지만 한 공동체가 된다는 것입니다.

예수님은 바로 이런 사실을 우리에게 알려 주시는 것 같습니다. 기도를 하는 동안에 '나'라는 이기주의를 벗어나야 한다는 것입니다. 나만 잘먹고 잘살고, 나만 잘되고, 나만 어려움이 없기를 바라며 기도하는 것이 아니라 주변 사람들을 돌아보면서 나를 넘어서서 우리의 기도를 드리라는 것입니다.

이런 기독교의 정신이 바로 박애정신입니다. 인류를 돌아보며 가난한 자들을 돌보고, 우리에게 맡겨진 형제자매를 돌보는 것입니다. 그들이 굶주리지 않고, 억울한 일을 당하지 않도록 기도해 주는 것이 바로 이 주기도문의 정신입니다. 이 기도문을 외우는 동안 바로 이런 '우리'라는 정신을 갖도록 만든 것이 예수님의 뜻이었습니다.

주기도문을 외울 때 가장 중요한 것은 무엇일까요?

주기도문은 무슨 마술이나 도사들이 외우는 주문이 아닙니다. 이미 말씀드렸듯이 주기도문은 예수님의 모든 사상과 신학이 집약된 짧은 기도입니다. 우리는 주기도문을 외울 때 한 문장, 한 문장 왜 예수님이 이렇게 기도하라고 하셨는지를 생각하고 기억하며 외워야 합니다. 그리고 우리는 모두 이 기도처럼 생각하고, 행하고, 따르는 삶을 살아야 합니다.

 주님이 가르쳐 주신 기도문을 직접 찾아 읽고 기도해 봅시다.
(마태복음 6:5~15; 누가복음 11:1~13).

 주기도문이 왜 우리에게 중요한지 생각해 봅시다.

 주기도문과 나의 기도의 내용을 비교해 봅시다.

12장 주기도문 이것만은 알자
- 주기도문 Ⅱ

그러므로 너희는 이렇게 기도하라
● 마태복음 6장 9절

주기도문의 내용이 궁금한데, '하늘에 계신 우리 아버지여' 이렇게 시작이 되죠?

저는 주기도문을 외울 때마다 하나님을 아버지로 부르는 것이 참 좋습니다. 그러나 좀 나이 드신 분들은 아버지란 이름을 편하게 부르는 것이 어렵다고 하십니다. 아무래도 예전 가부장 문화에서 살았던 분들에게 아버지는 어렵고, 다가가기 힘든 존재입니다. 그리고 그러한 아버지에게서 좋은 기억보다는 안 좋은 기억을 가진 분들도 있습니다. 그러나 많은 사람들은 아버지에게서 삶을 배우고 훈련을 받습니다. 특히 저는 아버지에 대한 좋은 기억이 많이 있습니다. 몇 년 전에 저희 아버님이 돌아가셨는데 문득문득 아버지를 기억할 때마다 마음에 짠한 감동이 있습니다.

저도 두 아이의 아버지로 살고 있습니다. 한 집의 가장으로 아이들과 지내다 보면 '아버지도 이런 기분이셨구나'라고 느낄 때가 있습니다. 아이들이 나에게 하는 태도나, 내가 아이들을 대하는 태도를 보면서 문득문득 아버지를 경험합니다. 그러면서 '나도 아버지처럼 살고 있구나'라고 느낍니다.

아버님이 저에게 이렇게 저렇게 하라고 가르쳐 주신 것은 아닌데, 어느덧 제가 가장이자 아버지가 되어서 저의 아버지의 모습이 저에게 나타나는 것입니다. 저희 어머니도 저를 보면 가끔 "어쩜 네 아버지랑 그렇게 똑같니"라고 말씀하실 때가 있습니다. 은연중에 아버지 같은 사람으로 성장한 것이죠.

그런데 이 아버지를 우리 육신의 아버지와 구분해서 하늘에 계신 아버지라고 부르고 있습니다. 하늘에 있다는 것은 이 세상을 통치하신다는 의미입니다. 사랑과 정의, 평화를 이 땅에 이루시는 하나님의 뜻을 따라서 우리도 그렇게 살아야 하는 이유가 바로 여기에 있습니다.

❓ 다음으로 이 아버지의 '이름이 거룩히 여김을 받으시오며' 라고 나옵니다.

이름은 그 사람을 나타냅니다. 그런데 이름이 거룩함을 받으시라는 것입니다. 거룩하다는 것은 먼저 구별된다는 뜻이 있습니다. 평범하지 않다는 것이죠. 그리고 그 구별은 나쁜 의미가 아니라 특별하다는 의미가 있습니다. '거룩히 여김을 받으옵소서'라는 것은 바로 그 이름이 인간의 이름과 달리 구별되어 거룩하다는 것입니다. 하나님은 인간들을 통해서 찬미 받으시길 원하십니다. 인간의 존재 목적이 바로 하나님을 영화롭게, 그분에게 영광을 돌리는 것입니다.

그런데 중요한 것은 전지전능하신 하나님의 이름을 우리가 거룩하게 할 수 있느냐라는 것입니다. 하나님은 스스로 거룩하시기 때문에 거룩하십니다. 물론 이 말은 맞습니다. 그러나 우리가 하나님을 거룩하게 해 드려야 하고, 자녀가 된 이상 하나님의 이름이 부끄럽지 않게 해야 합니다. 자녀가 되어서 사람들에게 손가락질당하면 그 아버지가 부끄러움을 당하시기 때문입니다.

❓ 우리가 하나님의 자녀가 되고, 하나님을 아버지라 부른다면 아버지의 이름에 먹칠을 하는 행동을 해서는 안 되겠네요. 다

음으로 '나라가 임하시오며'가 나옵니다.

하나님 나라는 우리 기독교인의 이상입니다. 우리는 바로 이 하나님의 나라가 이 땅에 오기를 기대합니다. 그런데 사람들은 그 하나님의 나라가 지금의 정권들을 모두 무너뜨리고 하나님이 왕이 되는 혁명으로 오해하고 있습니다. 이런 오해는 예수님이 살아 계실 당시에도 제자들이 저지른 실수입니다. 예수님이 이스라엘 수도인 예루살렘으로 올라가시는 길에 제자들이 예수님이 왕이 되면 자신들한테 높은 직책을 달라고 부탁하는 장면이 나옵니다. 예수님이 생각하는 그 나라는 이 땅의 나라가 아닙니다. 하나님의 나라는 누가 왕이 되는 곳이 아닙니다.

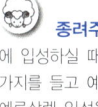

종려주일 예수님이 예루살렘에 입성하실 때에 사람들이 종려나무 가지를 들고 예수님을 환영한 승리의 예루살렘 입성을 기념하기 위해 지키는 주일. 그러나 이들도 제자들처럼 정치적인 왕으로 예수님을 오해했다. 예수님의 예루살렘 입성은 수난과 죽음을 의미했으며, 예루살렘 입성부터 십자가에서 죽으시고 부활하시기 전까지의 한 주간을 고난주간이라고도 한다.

하나님 나라는 이 세상의 주인이시고, 역사의 주인이신 하나님의 통치가 이루어지는 나라를 말합니다. 또한 성경이 말하는 중요한 가치들이 실현되는 나라입니다. 제가 생각할 때 하나님의 가장 중요한 가치인 사랑, 가난한 자들과 약한 자들이 권리를 가질 수 있는 정의, 그리고 세상의 모든 것들이 조화를 이루어서 하나님의 창조 질서 안에 잘사는 것을 의미하는 평화라고 할 수 있습니다. 이 세상이 바로 이런 사랑과 정의, 평화로 이루어진다는 것을 의미합니다.

그런데 현실은 참 암담합니다. 지금도 세계 곳곳에서 사람들이 굶어 죽어가고, 독재자에 의해서 자유를 빼앗기고 인간다운 삶을 살지 못합니다. 우리는 이런 상황을 한탄만 할 것이 아니라 이 하나님의 가치들을 통해서, 하나님의 통치가 이루어지도록 노력해야 합니다. 이것이 자녀들에게 맡겨진 사명입니다. 우리가 하나님의 나라를 이야기하는 순간 바로 이 통치의 사명을 위해 부름 받은 군사가 됩니다. 이 선한 하나님의 나라를 위한 부름에 우리가 쓰임 받는 일이 일어나기를 바랍니다.

하나님의 나라, 하나님의 통치, 또 우리가 그런 일에 부름 받았다는 것이 중요한 말씀이네요. 세상의 불의를 보고 한탄하고 욕할 것이 아니라 그곳에 하나님의 통치가 이루어지도록 행동하고 참여하는 일이 참 중요하게 보입니다. 그리고 다음으로 '뜻이 하늘에서 이루어진 것 같이 땅에서도 이루어지이다' 라는 기도가 나옵니다.

이것은 하나님의 나라와 비슷한 내용으로 볼 수 있습니다. 특히 하늘이라는, 우리가 생각하는 이상향의 나라, 즉 완벽하게 하나님의 통치가 이루어지는 나라처럼, 우리가 살고 있는 이 나라도 하나님의 뜻이 이루어지기를 기도하는 것입니다.

인간이 사는 이 세상은 항상 불의가 끊이지 않습니다. 완벽한 나라, 완벽한 사회는 이 땅에 존재하지 않습니다. 그래서 우리는 항상 이 땅을 벗어나 저 하늘에서 살고 싶다는 생각을 합니다. 그런데 이 기도는 우리를 완전한 나라인 하늘로 데려가 달라는 것이 아니라 오히려 그 하나님의 뜻이 하늘에서 이루어진 것 같이 이 땅에서 이루어지기를 바란다는 것입니다. 이것은 바로 그런 일에 우리가 함께하겠다는 의지의 표현이기도 합니다.

이러한 하나님의 뜻이 무엇인가 하면, 가난하고 굶주리고 핍박받는 사람들을 돌아보는 것이라고 생각합니다. 성경에 보면 하나님은 끊임없이 그런 사람들을 돌아보시고, 그들을 사랑하시며 그들을 괴롭히고 압제하는 사람들에게 벌을 주시는 분이십니다. 그래서 우리는 그 뜻을 따라서 이런 일들을 감당합니다. 현재도 남북 간에 대화를 시도하고, 북한에 식량을 보내는 일을 한국교회가 잘 감당하고 있는데, 하나님의 뜻을 이 땅에 펴고자 하는 교회의 노력이라고 할 수 있습니다.

그러면 여기까지가 하나님의 영광, 통치, 그리고 그 뜻이 이루어지기를 기도하는 '당신의 기도'라고 할 수 있네요. 그러면 '우리의 기도'에 대해서 이야기를 나누어 볼까요?

가장 먼저 등장하는 것은 '일용할 양식'을 달라는 기도입니다. 하루

하루 먹을 양식을 달라는 것입니다. 예수님께서는 우리에게 아주 소박한 기도를 가르쳐 주셨습니다. 일 년을 먹어도 모자라지 않고 넘치는 양식을 달라는 것도 아니고, 도깨비 방망이처럼 원하는 대로 받을 수 있는 방법을 달라는 것도 아니고 하루하루, 딱 그 하루만 먹을 수 있는 양식을 달라는 것입니다. 이것이 바로 믿음입니다. 하나님께 모든 것을 맡기고 사는 것입니다. 내일의 걱정은 하나님께 맡기고 오늘 하루를 살 수 있는 양식을 구하는 것이 바로 믿음입니다.

또 하나, 하나님께서 우리의 작은 것에도 관심이 있다는 것을 이 기도를 통해서 가르쳐 주고 있습니다. 하루 먹을 양식을 하나님께 구해서 얻을 수 있다는 것입니다. 하나님은 그냥 하늘에 계시는 분이 아닙니다. 바로 이 땅에 사는 우리가 필요한 것을 구할 수 있는 가까이에 계신 하나님입니다. 바로 앞에서 우리는 하나님의 나라, 하나님의 뜻과 같은 큰 이야기를 했는데도 불구하고 예수님은 하나님께 그런 것만 구하지 말고, 바로 너희들의 식량을 위해서도 기도하라고 하십니다. 그러면 하나님께서 그 기도에 응답하신다는 것이죠. 우리의 양식을 하나님께서 주시겠다는 것입니다. 하나님은 우리를 잊지 않으신다는 사실을 여러분들이 꼭 기억하시길 바랍니다.

목사님 말씀처럼 오늘 우리에게 필요한 것들을 채워주시는 하나님이라고 생각하니, 아주 가까이에 계신 하나님을 경험한 것 같네요. 다음에 '우리가 우리에게 죄 지은 자를 사하여 준 것 같이 우리 죄를 사하여 주시옵고'라는 기도가 나오죠.

죄를 용서받는 것은 기독교에서 아주 중요합니다. 사람은 하나님께서 생각하시는 인간다운 삶을 살 수가 없습니다. 우리는 죄를 지으면서 삽니다. 그리고 이 죄를 용서해 달라고 하나님께 간구합니다. 성경에서는 하나님께서 자비를 베푸셔서 동쪽이 서쪽에서 먼 것 같이 우리의 죄를 멀리하시겠다고 말씀하셨습니다. 우리의 죄를 용서해 주실 뿐만 아니라 깨끗하게 잊어버리고 멀리하겠다고 하셨습니다.

그런데 주기도문을 하면서 우리에게 죄 지은 자를 먼저 용서할 테니 이처럼 우리의 죄를 용서해 달라고 간구합니다. 큰 죄를 용서받는 길은 이처럼 우리에게 작은 죄를 지은 자들을 용서하는 것입니다. 용서의 경험이 이렇게 풍성해질 때 하나님께 받은 용서의 기쁨이 충만해질 수 있습니다.

용서에 대한 기도 바로 다음에 '시험에 들게 하지 마시옵고 다만 악에서 구하시옵소서'라는 기도가 바로 나옵니다. 우리가 용서를 받고 다시 죄를 짓게 되면 그것은 토한 것을 다시 먹은 개와 같은 인생이라고 성경은 말합니다. 기독교에서는 '회개'를 강조합니다. 돌이켜서 고치는 것이 바로 회개입니다. 다시 악을 짓지 않도록 노력하는 것이 바로 진정한 용서이고 회개입니다. 사람이 다시 죄를 짓지 않는다는 것은 쉽지 않습니다. 그래서 우리는 하나님께 이런 기도를 계속 드리고, 마음을 다잡아서 이런 죄를 다시 짓지 않도록 하나님의 도우심을 구하며 기도해야 합니다.

끝으로 '나라와 권세와 영광이 아버지께 영원히 있사옵나이다'가 나오는데 기도의 요약으로 볼 수 있는 대목입니다. 그리고 끝으로 하나님을 찬양하며 기도를 마치고 있습니다.

이제까지 주기도문이 무엇인지 배웠고, 주기도문의 의미와 배경이 우리에게 왜 중요한지에 대해서 알아보았습니다. 주기도문이 생겨난 배경과 우리가 주기도문을 외우는 가운데 하나가 되는 과정은 신비롭기까지 합니다. 그리고 무엇보다도 주기도문 가운데 '당신의 기도'와 '우리의 기도'가 있다는 사실을 보면서 우리의 필요를 세세히 살피시고 우리에게 거룩한 사명을 주시는 하나님을 바라보게 됩니다. 바로 주기도문의 위대한 능력이자 힘이라고 생각합니다.

 주님이 직접 기도하시는 모습을 성경에서 찾아 읽고 묵상해 봅시다.
(마태복음 26:36~46, 누가복음 4:10~17 ; 10:21~22 ; 22:39~46).

 나의 기도의 목적과 내용을 생각해 봅시다.

 주님께 드리는 기도문을 작성해 봅시다.

13장 하나님에 대한 고백
- 사도신경 Ⅰ

내가 아버지 안에 거하고 아버지께서 내 안에 계심을 믿으라
● 요한복음 14장 11절

전능하사 천지를 만드신 하나님 아버지를 내가 믿사오며,
그 외아들 우리 주 예수 그리스도를 믿사오니,
이는 성령으로 잉태하사 동정녀 마리아에게 나시고,
본디오 빌라도에게 고난을 받으사, 십자가에 못박혀 죽으시고,
장사한 지 사흘 만에 죽은 자 가운데서 다시 살아나시며,
하늘에 오르사, 전능하신 하나님 우편에 앉아 계시다가,
저리로서 산 자와 죽은 자를 심판하러 오시리라.
성령을 믿사오며, 거룩한 공회와, 성도가 서로 교통하는 것과,
죄를 사하여 주시는 것과, 몸이 다시 사는 것과,
영원히 사는 것을 믿사옵나이다. 아멘.

예배를 드리면서 주기도문과 사도신경을 외우는데요, 이 둘의 차이는 뭔가요?

주기도문은 이미 말씀드렸듯이 예수님께서 제자들에게 기도의 모범을 가르쳐 주신 기도문입니다. 이에 반해서 사도신경은 우리가 믿는 것은 이런 것이라고 예수님의 제자들인 사도들이 가르쳐 준 기도문입니다. 주기도문이 예수님이 가르쳐 주신 기도이기 때문에 권위가 있다면, 사도신경은 예수님 제자들의 고백이기 때문에 권위가 있습니다.

그러면 사도신경은 어떤 과정으로 만들어졌나요?

사도신경은 원래는 정해진 모양이 없었습니다. 사도들이 이렇게 믿는다는 신앙고백을 정리한 것이죠. 언제 마무리가 되어서 정리되었는지는 정확하게 알려져 있지는 않습니다. 대략 서기 2세기경에 그 기록이 나타나고 있습니다. 물론 그 이전에도 있었겠지만 기록에 없다는 것입니다. 그리고는 대략 5~6세기경에 확정된 것으로 보입니다. 이 사도신경은 입에서 입으로 약 2000년 동안 이어져 내려왔습니다. 그리고 교회 최초의 신앙고백으로 알려져 있습니다.

이 사도신경이 확정되기까지 대략 500년 동안 교회는 우리의 신앙이 정확히 무엇인지 항상 고민했고, 수많은 회의와 토론, 그리고 심지어는 투쟁까지 벌이며 이런 신앙의 결론을 내렸습니다. 그리고 그 결과를 반영해서 사도신경을 매만져 왔던 것이죠. 그렇기 때문에 사도신경이 중요합니다. 사도신경은 교회의 모든 가르침의 정수입니다. 2000년을 지켜 온 교회의 전통이 이 가운데 있습니다. 그 가운데 수많은 사람들이 이 사도신경의 믿음을 지키려고 죽음을 선택했고, 세계 곳곳에서 많은 분들이 순교하셨습니다. 오랜 시간 동안 많은 사람들이 세계 곳곳에서, 왜 그렇게 죽어야 했는가에 대한 대답을 바로 이 사도신경이 가르쳐 주고 있습니다.

그래서 지금 우리 개신교뿐만 아니라 정교회나 가톨릭교회에서도 이 사도신경을 동일하게 외우고, 고백하고 있습니다. 이 세 종교의 뿌리가 같기 때문에 같은 고백을 하는 것이죠. 그래서 이 사도신경이 의미가 있는 기도문입니다.

아주 오랜 시간을 두고 사도신경이 만들어졌고, 이런 과정을 겪으면서 교회가 고백해야 할 바를 잘 정리해 주었네요. 전통이 우리에게 전해 주는 바가 큰 것 같습니다. 그러면 사도신경의 내용은 무엇인가요?

사도신경에서 중요한 표현은 "나는 믿습니다"입니다. 라틴어로 크레도(credo)라고 하는데, 사도의 가르침을 따라서 우리는 이런 것들을 믿는다는 뜻이죠. 우리가 믿는 것은 크게 네 가지라고 할 수 있습니다. 먼저는 하나님이고, 둘째는 예수님이고, 셋째는 성령님이고, 넷째는 교회를 말합니다.

즉 우리는 사도신경을 통해서 전능하시고 천지를 만드신 하나님, 고난받으시고 부활하시며 하늘에 오르사 심판자로 서시는 예수님, 교회를 교회 되게 하시고, 우리에게 믿음의 마음을 주시는 성령님을 믿는다고 고백합니다.

여기서 우리의 고백은 아버지와 아들과 그 영이신 삼위일체의 하나님을 믿는다는 것입니다. 우리가 알다시피 하나님의 아들은 예수

성삼위일체(The Holy Trinity), 안드레이 루블료프 作, 모스크바 트레티야코프미술관.
"주 예수 그리스도의 은혜와 하나님의 사랑과 성령의 교통하심이 너희 무리와 함께 있을지어다"
(고린도후서 13장 13절).

님이십니다. 그리고 성령님은 거룩한 영으로서 하나님의 영이며, 동시에 예수님의 영입니다. 우리는 바로 이 성부와 성자와 성령을 동시에 믿는 것입니다.

그런데 중요한 것은 이 세 분이 모두 다 같은 신이신 하나님이라는 것입니다. 비록 그들이 나타나는 모습이나 하는 일들이 다른 것 같아도 그 본질은 같습니다. 본질이라는 것은 쉽게 얘기해서 본래의 성질이 같다는 것입니다. 예를 들어서 같은 뿌리에서 성장해서는 다른 모습으로 나타난다는 것입니다. 가지의 모습이 다르고, 잎의 모습이 다르고, 그 열매의 모습이 다르다고 해도 그 뿌리는 같고, 같은 나무인 것처럼 성부, 성자, 성령의 하나님은 모두가 같은 하나님입니다.

사도신경은 바로 이런 사실을 우리에게 가르쳐 줍니다. 이 사도신경의 고백을 이루려고 우리 믿음의 선조들은 수많은 회의와 논쟁을 벌이고, 심지어는 이 믿음에 동의하지 못하는 자들을 교회에서 내쫓기도 했습니다. 성경이 이 부분에 대해서 명확히 가르쳐 주는 바가 없기 때문에 많은 논쟁을 하게 된 것입니다. 그러나 교회는 오랜 세월을 배우고 나누면서 하나님의 속성을 알게 되었고, 그것을 가지고 교리를 만들고 사도신경을 만들었습니다. 그래서 우리도 이 전통에 따라서 하나님은 성부, 성자, 성령이심을 고백하고 있습니다.

사도신경에 삼위일체라는 기독교의 중요한 교리가 녹아 있군요. 참 귀한 가르침입니다. 그러면 이 삼위일체의 하나님에 대해서 우리가 어떤 고백을 하는지 구체적으로 설명해 주세요. 먼저 아버지가 되시는 하나님이 나오시죠?

첫 줄이 바로 '전능하사 천지를 만드신 하나님 아버지를 내가 믿사오며'입니다. 하나님이 천지를 만드신 분이심을 믿는 것입니다. 이 한 문장이 많은 것을 의미합니다. 이미 앞에서 매우 중요한 수식어가 붙어 있습니다. 그분은 전능하시다는 것입니다. 그분은 모든 것을 하실 수 있는 분이십니다. 그 능력이 나타난 것이 바로 천지창조입니다. 그분은 이 세상의 모든 것을 만드셨습니다. 무엇보다도 이 세상에 아무것도 없을 때 하늘과 땅을 만드시고, 그 하늘에 해와 달, 그리고 별을 만드셨습니다. 그리고 그 가운데 사는 모든 생물을 만드시고 마지막에 인간도 만드셨습니다.

이 세상에서 하나님께서 만드시지 않은 창조물은 하나도 없습니다. 마르크스가 물질이 역사를 만든다고 했지만 그 물질조차도 하나님이 만드신 것입니다. 세상이 거저 그냥 생겨난 것이 아닙니다. 이 세상의 모든 것들이 정말 우연으로 먼지가 모이고, 물이 모여서 만들어졌다고 생각하십니까? 저는 그런 우연은 존재하지 않는다고 생각합니다. 누군가 설계하고, 뜻을 두어서 만들기 전에는 이런 물질들이 생명을 얻을 수 없습니다. 오늘날 기술이 발달해서 이 세상에 만들지 못하는 것이 없다고 합니다. 자동차를 봐도 그렇고, 하늘을 나는 비행기를 봐도 그렇고, 수많은 사람을 죽일 수 있는 핵무기를 봐도 기술의 발전은 끝이 없는 것 같습니다. 이 세상의 과학자들이 모이면 만들지 못하는 것이 없는 것처럼 보이지만 이들이 만들지 못하는 것이 있습니다. 그것은 바로 생명입니다.

자기가 살아서 숨 쉬고, 자라고, 때로 슬퍼할 수 있고, 즐거워할 수 있으며, 가족을 보며 기뻐하고, 죽음 앞에서 괴로워할 수 있는 생명은 만들 수가 없습니다. 오랜 인류의 역사가 있어도 인간은 생명을 얻을 수 있는 기술을 가지지 못했습니다. 하나님이 만드신 창조물에서 다른 것으로 복사하는 기술은 있어도 무에서 생명을 만드는 기술은 아무리 과학이 발전했더라도 만들지 못합니다.

아무리 오랜 세월이 흘렀다고 해도 먼지가 모여서, 물이 모여서 우연히 생명이 나타났다는 말은 옳지 않습니다. 이것은 창조가 아니고서는 설명할 수가 없습니다.

정말 전능하신 하나님을 떠나서는 이런 일들을 상상할 수 없다는 생각이 드네요. 그러면 이 자연에서 증거를 찾을 수 있을까요?

하나님의 창조는 이 우주가 보여 주고 있습니다. 우리 눈에 보이는 별들이 수만 광년, 수억 광년의 거리에 있다고 합니다. 이 말은 빛의 속도로 달려서 그 거리만큼 가야 그 별이 있다는 것입니다. 지금 우리 눈에 보이는 이 별들은 바로 수만 년 전, 수억 년 전 빛났던 그 별입니다. 그런데 그런 별들이 거저 만들어졌다고 생각하시나요? 더군다나 별들이 서로 부딪치지 않으며 자기의 길을 간다는 것은 놀라운 하나님의 창조 섭리라고 밖에 설명할 수 없습니다.

이처럼 광대한 우주가 하나님의 창조를 증명하고 있다면 좀 더 작은 것들 속에서도 하나님의 창조를 발견할 수 있습니다. 요즘 기술이 발달해서 생물들의 세포를 살펴볼 수 있고 이 기술이 더 발달해서 세포를 구성한 DNA까지도 볼 수 있습니다. 그래서 사람들은 DNA를 살펴보고 알아내면 생명의 비밀이 풀릴 줄 알았습니다. 그런데 DNA를 보면서 마지막 순간에 정말 생명이 아니고서는 이룰 수 없는 부분이 있다는 것을 깨달았습니다. 결코 우연으로 이루어질 수 없는 부분이 있다는 사실을 알게 된 것입니다. 바로 그래서 과학자들이 신의 계획, 즉 하나님의 디자인이 아니고서는 만들어질 수 없다고 말을 합니다. 그래서 과학자들은 바로 그곳에서 천지를 창조하신 하나님을 발견하게 됐습니다.

정말 하나님이 이 세상을 만드셨다는 것을 모든 만물이 다

증거하고 있네요. 그러면 이렇게 하나님이 세상을 만드셨다는 사실에 또 다른 의미가 있을까요?

하나님이 이 모든 것을 만드셨다는 것은 바로 하나님이 이 모든 것들의 주인이시며, 이 모든 것들을 다스리신다는 것을 의미합니다. 자연의 모든 것들이 질서가 없다면 어떻게 될까요? 세상이 이렇게 존재하지 못할 것입니다. 서로가 서로를 향해서 죽이려고만 든다면 세상은 벌써 멸망하고 말았을 것입니다. 힘센 짐승들이 작은 짐승들을 마구잡이로 죽이기만 했다면 자연의 질서는 벌써 무너지고 말았을 것입니다. 이 세상에 이렇게 많은 육식동물이 있음에도 불구하고 이 자연이 망하지 않은 것을 보면 분명히 하나님께서 그 모든 것들이 존재할 수 있도록 질서를 만드셨다는 것을 알 수 있습니다.

그런데 요즘 이 자연의 질서가 무너지면서 각 곳에서 이상한 현상이 생기고 있습니다. 자연을 마구잡이로 훼손한 결과 각 곳에서 홍수가 나고, 날씨가 더워지고, 가까이 있던 짐승들이 사라지고, 보지 못하던 동물이나 식물들이 나타나고 있습니다. 인간의 욕심으로 자연의 질서가 무너지고 그 결과를 인간들이 죄로 받게 된 것입니다. 하나님의 다스림을 거스르는 결과는 결국 죄입니다.

또 우리가 알아야 할 것은 하나님께서 이 세상의 모든 것들을 만드신 것은 바로 그 모든 것들을 향하신 하나님의 뜻이 있다는 것입니다. 들에 핀 꽃 한 송이도 의미가 있고, 존재해야 할 이유가 있습니다. 하늘을 나는 새들도 거저 생기는 법이 없고, 다 그 쓸모가 있습니다. 하물며 우리 인간을 향하신 하나님의 뜻이 없겠습니까?

우리가 모두 원숭이의 후손이고, 우연히 만들어진 존재라면 그저 생명이 유지되는 동안 죽지 않고 살면 됩니다. 그러나 하나님께서 우리를 만드셨다면 분명히 우리를 향하신 하나님의 뜻도 있습니다. 세상에 우연히, 또는 아무런 의미 없이 만드신 인간도 없습니다. 하나님이 실수로 만드신 인간도 없습니다. 분명히 하나님은 여러분을 향하신 뜻이 있고, 당신을 향하신 사랑이 있고, 당신을 위해 만들어 놓으신 자연이 있습니다.

우리는 사도신경에 대해서 배웠습니다. 무엇보다도 사도신경을 통해서 삼위일체이신, 즉 같은 하나님이지만 우리에게 아버지 되시는 성부 하나님, 그 아들이 되시는 성자 하나님, 그리고 그의 영이 되시는 성령 하나님을 우리가 고백해야 한다고 배웠습니다. 그리고 전능하사 천지를 만드신 하나님을 고백하는 것이 어떤 의미인지, 특히 창조의 비밀을 알게 되었고, 그 질서 가운데 하나님의 뜻이 있고, 인간을 향하신 하나님의 뜻이 있으며, 특히 우리가 모두 존재해야 할 이유가 있다는 것도 알게 됐습니다.

그래서 우리가 해야 할 일이 있습니다. 그건 바로 하나님의 뜻을 이루어 드리는 것입니다. 우리를 만드신 그 뜻을 이루어 드리는 것이 자녀 된 우리의 사명입니다. 그리고 이것이 창조된 인류의 사명입니다.

우리가 교회에서 고백하는 사도신경의 역사와 의미를 생각해 봅시다.

하나님의 창조와 계획은 나의 삶 속에서 어떻게 고백할 수 있나요?

사도신경의 신앙고백을 성경 속에서 찾아 읽고 묵상해 봅시다(사도행전 2장).

14장 예수 그리스도에 대한 고백
- 사도신경 Ⅱ

주는 그리스도시요 살아 계신 하나님의 아들이시니이다
● 마태복음 16장 16절

 사도신경에 나오는 예수 그리스도는 누구신가요?

사도신경에서는 꽤 많은 부분을 할애해서 예수님이 어떤 분이신지, 어떤 일을 하셨는지를 알려 주고 있습니다. 첫 부분에서 사도신경은 '그 외아들 우리 주 예수 그리스도를 믿사오니'라고 예수님에 대해서 설명하고 있습니다.

여기에 아주 많은 의미가 담겨 있습니다. 먼저 그는 하나님의 외아들이라고 나와 있습니다. 그는 하나님에게 단 하나밖에 없는 아들입니다. 아들은 아버지에게 특별한 의미입니다. 그는 상속의 권리가 있고, 아버지를 대신할 수 있는 권리가 있습니다. 아들이 아버지를 대신할 수 있는 자이며 상속자라는 것을 세상이 다 알고 있습니다.

얼마 전 북한에서 한밤중에 큰물을 남한으로 흘려보내서 강가에 놀러왔다가 잠을 자던 사람들이 여럿 죽었습니다. 그런데 한 아버지가 큰물이 몰려오는 것을 보고는 아들을 스트로폴로 만든 음료수통에 태워서 살려냈습니다. 그런데 아버지는 아들을 살렸지만 자신은 물에 휩쓸려서 죽고 말았습니다. 이렇게 아들은 아버지가 자신의 목숨을 바쳐도 아까울 것이 없는 존재입니다. 그래서 그 아들에게 권리가 있는 것이고, 아버지를 대신할 수 있는 권세가 있는 것입니다.

그런데 놀라운 일이 벌어졌습니다. 하나님이 그 외아들을 이 세상에 보내서 그의 종과 같은 인간의 모습으로 나타나게 하셨습니다. 그리고 그것도 모자라서, 사도신경에 나오는 것처럼 십자가에 못 박혀 죽게 한 것입니다. 자기의 목숨보다도 더 귀중한 외아들을 그 비참한 십자가에 달려 죽도록 한 아버지의 마음을 이해할 수 있을까요?

하나님께서 그렇게 외아들을 죽도록 하신 것은 바로 우리의 죄를 사해 주기 위해서입니다. 우리가 죄를 짓고 매일같이 그 십자가에 달려 죽어 마땅하지만 사랑의 하나님은 그 죗값을 우리에게서 찾지 않으시고 바로 자신의 외아들을 십자가에 달려 죽게 함으로써 단 한번에 이 인류의 모든 죄를 짊어지고 벌을 받도록 하신 것입니다.

이 십자가의 사건으로 죄인 된 우리는 죄가 없는 의로운 인간이 되었습니다. 바로 우리가 이 아버지 되신 하나님과, 그 아들이 되시는 예수님을 믿기만 하면 죄 없는 의로운 인간이 된다는 것이 바로 복된 소식인 복음입니다.

우리가 예수님을 하나님의 외아들, 하나밖에 없는 아들이라고 고백하는 것이 하나님의 입장에서는 슬프고 괴로운 일이군요. 아버지의 마음으로 볼 때에 하나님의 마음이 느껴지는 것 같습니다. 그리고 또 예수님에 대한 다른 고백이 있나요?

예수가 우리의 주라는 고백입니다. 하나님의 아들, 예수가 바로 우리의 주인이라는 고백입니다. 죽어야 할 우리를 대신해서 죗값을 치러 주신 그분이 바로 우리 삶의 주인이십니다. 이 세상의 모든 것을 지으신 하나님의 외아들, 그분이 바로 우리 삶의 주인이십니다. 우리의 주인이 되실 분은 예수님 외에 아무도 없습니다.

이것이 바로 우리의 고백입니다. "내 주인은 예수님밖에 없다." 그래서 우리가 당당하게 살 수 있는 것입니다. 이제 예수님 앞에서 모든 사람이 다 평등합니다.

성경에 보면 오네시모라는 사람이 나옵니다. 이 사람은 종이었습니다. 그것도 악한 종으로 주인에게서 몰래 도망 나온 사람이었습니다. 그런데 이 사람이 바울 사도를 찾아가서 예수님을 믿게 되었습니다. 예수를 믿고 난 뒤 바울이 이제 이 사람을 원래의 주인인 빌레몬에게 돌려보냅니다. 그 주인도 예수님을 믿는 사람이었습니다. 바울 사도는 오네시모에게 편지를 쥐여 줍니다. 그리고 편지를 가지고 그 주인 빌레몬에게 돌아가서 용서를 빌라고 합니다. 여

사도 바울 유대인으로 태어났으며 본명은 사울이다. 예수를 믿는 사람을 핍박하다가 극적으로 예수를 믿게 되었고 그 이후에 기독교 최대의 전도자이자 신학자가 되었으며, 오늘의 기독교가 있게 한 가장 중추적 인물이다. 신약성경 27권 중 13권이 그의 서신이며 초대 교회사에서 기념비적인 업적을 남겼다.

러분이 생각하듯이 도망간 종이 다시 주인에게 돌아가면 맞아 죽든지, 혹독한 벌을 받게 될 것입니다. 그런데 바울은 주인인 빌레몬에게 보내는 편지에서 도망친 종 오네시모를 형제로 받아들이라고 말했습니다. 이제 그는 도망친 종 오네시모가 아니라 하나님을 아버지로 모신, 예수님을 삶의 주인으로 모신 예수 안에서 형제라는 것입니다. 빌레몬은 이 가르침에 따라서 그를 종이 아니라 형제로 받아들입니다. 이것이 복음입니다. 그리고 이것이 예수님을 주라고 고백하는 우리의 삶입니다.

이 세상 사람들은 자신의 주인이 될 수 없습니다. 그래서 예수 믿는 사람들이 겁이 없고 담대한 것입니다. 내가 죽어서 영원히 살게 될 때 영원히 보게 될 예수님이 나의 주인이신데 내가 이 땅에서 두려워할 이유가 없습니다. 그래서 이 세상의 독재자들은 예수 믿는 사람들을 미워하고 두려워했습니다. 로마 황제가 예수 믿는 사람들을 박해하고 죽였고, 히틀러도 예수 믿는 사람들을 박해했습니다.

소련의 여러 독재자들, 그중에서도 스탈린이 많은 기독교인들을 죽였습니다.

우리 땅에서도 일제시대 때 일본 사람들이 여러 가지 이유를 들어서 예수 믿는 사람들을 괴롭히고 죽였습니다. 그러나 예수 믿는 사람들은 그들의 총칼에도 두려워하지 않고 기꺼이 순교했고, 사자의 입에서 찢겨 죽임을 당할지라도 예수가 우리의 주인이심을 고백하며 죽었습니다. 어떻게 이런 일이 일어날 수 있을까요? 바로 예수가 우리의 주인이시기 때문입니다. 그리고 우리가 죽어서 그를 영원히 보게 될 것이기 때문입니다. 이것이 바로 우리의 고백입니다.

세상을 두려워하지 않고, 사람을 두려워하지 않는 기독교인의 믿음을 잘 설명해 주신 것 같습니다. 내 삶의 주인은 나를 위해 십자가에 달려 돌아가신 예수님 한 분뿐이라는 믿음이 우리를 담대하게 만드는 것 같네요. 그런데 '그리스도' 란 무슨 뜻이죠?

예수는 이름입니다. 보통 우리가 가진 이름과 같죠. 그런데 그리스도는 그 이름의 성이 아니라 직책을 의미합니다. 보통 우리가 그리스도를 김가나 이가 같은 성으로 오해하는데, 그런 성이 아닙니다. 우리가 회사에서 과장이나 부장 같은 직책을 이름과 함께 부르듯이 예수님의 직책을 이름과 함께 부르는 것입니다.

그리스도는 기름 부음을 받은 자라는 의미입니다. 옛날 유대 민족은 왕이나 제사장, 예언자가 되는 사람의 머리에 기름을 붓고 기도를 했습니다. 이것이 바로 직책에 임명하는 절차였습니다. 예수님을 기름 부음을 받은 자라고 하는 것은 바로 예수님이 왕이시며, 제사장이시고, 하나님의 말씀을 전하는 예언자이시며, 바로 이런 직책으로 이 세상을 구원하신 구세주가 되신다는 것을 의미합니다. 그래서 우리가 예수 그리스도라고 이야기하는 것은 예수님이 바로 그리스도시다. 즉 그분이 왕이시고, 제사장이고, 예언자이심을 고백하며, 그분이 바로 이 세상을 구원하실 구세주가 되신다는 것을 고백하는 일입니다.

'그 외아들 우리 주 예수 그리스도를 믿사오며'라는 이 짧은 문장을 통해서 정말 많은 것을 고백하네요. 그리고 다음에 예수님의 생애가 나오네요.

바로 예수님께서 태어나시고, 우리를 위해 고난받으시고, 부활하셔서 하늘에 올라가시기까지 사도신경은 예수님의 생애를 잘 보여 주고 있습니다. 먼저 예수님은 인간인 마리아에게서 나셨지만 남자에 의해서 잉태된 것이 아니라 성령으로 잉태되셨습니다. 즉 인간의 몸을 빌려서 태어나시고, 인간의 모습으로 오셨지만 남자와 여자를 통해서 태어난 것이 아니라 하나님의 영인 성령을 통해서 태어나신 것입니다. 즉 여자의 몸을 빌려서 사람의 모습으로 이 땅에 오신 것이죠.

많은 사람들이 어떻게 이런 일이 일어날 수 있냐고 의심합니다. 그러나 예수님은 인간의 몸으로 오셨지만 하나님의 아들이시고, 바로 그 하나님이라는 것이 중요합니다. 우리의 이해대로 그가 태어나셨다면 그는 하나님이 아니라 그냥 인간일 것입니다. 그리고 성경이 증거하고 있기에 우리는 이 사실을 믿습니다.

그리고 우리를 위해 십자가에 달려 돌아가시고 사흘 만에 살아나셔서 부활하셨습니다. 죽은 자가 어떻게 다시 살 수 있을까요? 결코 이런 일은 있을 수 없습니다. 죽은 자는 다시 돌아올 수 없습니다. 그러나 예수님은 다시 사셨고 부활하셨습니다. 그를 죽이신 이가 하나님이지만 그를 다시 살리신 이도 하나님이십니다. 천지를 만드신 분이 하나님이시기에 이 세상의 이치를 거꾸로 돌리실 수도 있으십니다. 이 부활하신 예수님을 제자들이 보았습니다. 의심이 많은 제자 도마는 창에 찔린 그의 옆구리에 손을 넣고서야 그를 믿었습니다. 그리고 5백 명의 성도들이 살아나신 예수님을 다시 볼 수 있는 영광을 얻었다고 성경은 말해 줍니다.

예수님이 돌아가신 후에 제자들은 두려워서 다들 숨었습니다. 로마 병정들에게 붙잡혀서 예수님처럼 죽게 될까 봐 무서워 떨었습니

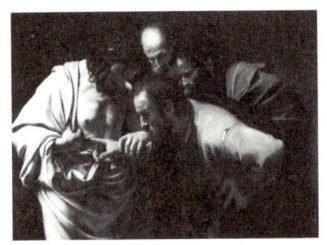

의심하는 도마(The Doubting of St. Thomas), 카라바조 作, 포츠담 쌍수시 궁전.
예수님의 죽으심과 고난받으심에 대해서 예수님은 의심하는 도마의 손을 친히 이끌어 자신의 옆구리 상처에 넣어 보도록 했다. 그리고 관용과 사랑으로 도마를 부르시자 도마는 바로 "나의 주님이시오, 나의 하나님이시니이다"(요한복음 20:28)라는 위대한 고백을 예수님께 드렸다.

다. 유대 지도자들이 자신들을 예수님을 쫓아다닌 사람들이라고 잡아갈까 봐 두려워서 숨은 것입니다. 그런데 어느 날 이 제자들이 사람들이 많이 모이는 성전에 나와서 예수님을 믿으라고 소리를 질렀습니다. 이들이 왜 이렇게 변했을까요? 이들은 기적을 보았기 때문입니다. 그 기적은 바로 돌아가신 예수님이 다시 살아나셔서 이 세상의 그리스도가 되신 것입니다. 그 예수님을 만난 제자들은 담대해졌고, 그 예수를 전하지 않고는 견딜 수가 없었습니다. 이들이 이 세상을 향해서 소리친 이유는 바로 예수가 다시 사셨기 때문입니다.

 살아나신 예수님은 하늘로 올라가셨죠?

부활하신 예수님은 하늘에 오르사 하나님 우편에 앉으셨습니다. 종

된 인간의 모습으로 오셔서, 이 땅에서 갖은 고난을 다 당하신 후 부활하셔서 다시 자신의 왕좌에 앉으신 것입니다. 이 세상의 주인이시고, 이 세상을 다스리시는 하나님의 오른편 의자에 앉으셨습니다. 그분이 이제 이 세상을 다스리시고 그 권세로 산 자와 죽은 자를 심판하실 것입니다.

그런데 성령님에 대해서는 자세히 나와 있지 않네요. 성령님은 무슨 일을 하시나요?

사도신경에는 그냥 '성령을 믿사오며'라고 간단히 나와 있습니다. 우리가 앞에서 성부 하나님, 성자 하나님, 성령 하나님이 다 똑같은 권위를 가지신 삼위일체 하나님이라고 배웠습니다. 성령이 왜 이렇게 간단히 나왔는지 의문이 들 수밖에 없는데, 그 이유는 이 세 하나님이 같은 하나님이시기 때문입니다. 아버지가 일하시는 곳에 아들이 일하고, 성령이 함께 일하신다는 것입니다. 굳이 나눌 필요가 없습니다.

그럼에도 불구하고 성령이 하시는 일은 우리의 마음을 감동시키셔서 하나님을, 예수님을 믿도록 해 주십니다. 그리고 사도신경에 나와 있듯이 교회가 교회 되게 하는 것도 바로 이 성령님의 신비하심이 함께한 것입니다. 우리가 교회가 되는 것은 성령께서 우리를 인도하시기 때문에 가능한 것입니다. 우리가 사도신경을 고백하는 것도 결국은 성령님께서 우리를 감동시키셨기 때문에 가능한 일입니다. 바로 이 성령님을 우리가 믿는 것입니다.

또한 우리가 믿는 것은 교회입니다. 교회를 믿는 것이 아니라 교회를 이루시는 하나님을 믿는 것이고, 교회를 통해 나타나시는 하나님의 뜻과 축복, 그리고 우리의 죄가 사해지고, 우리도 예수님처럼 몸이 다시 살고, 영원히 살게 될 것을 믿는 것입니다.

 사도신경을 통해 고백하는 하나님, 예수님, 성령님, 이 삼위일체의 의미를 생각해 봅시다.

 성령님을 통해서 시인하는 나의 신앙고백은 무엇인가요?

 사도신경을 묵상한 후 나의 신앙고백을 기록해 봅시다.

15장 하나님의 백성이 되겠다는 약속
- 십계명 Ⅰ

여호와께서는 언약의 말씀 곧 십계명을 그 판들에 기록하셨더라
● 출애굽기 34장 28절

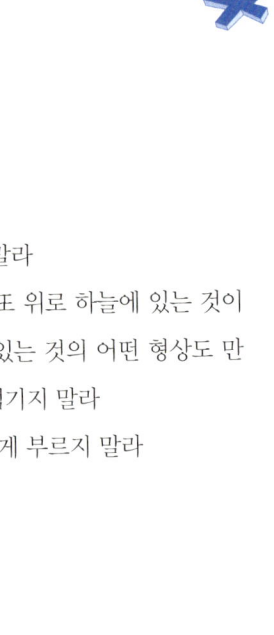

제일은, 너는 나 외에는 다른 신들을 네게 두지 말라

제이는, 너를 위하여 새긴 우상을 만들지 말고, 또 위로 하늘에 있는 것이나, 아래로 땅에 있는 것이나, 땅 아래 물 속에 있는 것의 어떤 형상도 만들지 말며, 그것들에게 절하지 말며, 그것들을 섬기지 말라

제삼은, 너는 네 하나님 여호와의 이름을 망령되게 부르지 말라

제사는, 안식일을 기억하여 거룩하게 지키라

제오는, 네 부모를 공경하라

제육은, 살인하지 말라

제칠은, 간음하지 말라

제팔은, 도둑질하지 말라

제구는, 네 이웃에 대하여 거짓 증거하지 말라

제십은, 네 이웃의 집을 탐내지 말라

십계명에 대해서 배우고 싶습니다. 십계명은 무엇인가요?

우리가 예수님을 믿고 교회를 다니게 되면 이제부터 어떻게 살아야 하는지 고민이 됩니다. 그런 고민을 하게 될 때 만나는 것이 십계명인 것 같습니다. 성경의 구약에는 아주 중요한 사건이 하나 소개되어 있습니다. 이스라엘 사람들이 이집트 종살이를 하다가 해방되는 사건입니다.

그 당시 세계 최강의 나라인 이집트에서 종살이를 하고 있는 이스라엘 사람들이 하나님의 도우심으로 종살이에서 벗어나서 40년의 광야생활을 지나 가나안 땅으로 들어가는 놀라운 이야기가 성경에 나옵니다. 그런데 그 가운데 시내산이라는 곳에서 이 백성들이 하나님과 언약을 맺습니다. 하나님께서 이스라엘 백성의 하나님이 되시고, 이스라엘은 하나님의 백성이 되겠다는 약속입니다. 이런 약속을 한 후에 하나님께서 이스라엘 민족의 지도자인 모세를 통해서 친히 돌판에 이 열 가지 계명을 적어 주십니다. 그 내용은 다음과 같습니다.

① 야훼 이외의 다른 신을 섬기지 말라. ② 우상을 섬기지 말라. ③ 하나님의 이름을 망령되게 부르지 말라. ④ 안식일을 거룩히 지키라. ⑤ 너희 부모를 공경하라. ⑥ 살인하지 말라. ⑦ 간음하지 말

171

라. ⑧ 도둑질하지 말라. ⑨ 이웃에게 불리한 거짓증언을 하지 말라. ⑩ 네 이웃의 재물을 탐내지 말라

이 열 가지 계명을 보면 앞에 네 가지는 하나님과 인간의 관계를 나타내는 계명이고, 뒤에 여섯 가지는 이웃과의 관계를 나타내는 계명입니다.

하나님과의 관계가 먼저 나오고, 인간과의 관계가 뒤에 나오는 것도 다른 의미가 있나요?

우리의 삶은 먼저 하나님에 의해서 이루어집니다. 우리는 먼저 사는 목적을 제대로 알아야 합니다. 이런 관계가 제대로 되어야 인간들과의 관계도 똑바로 맺어지게 됩니다. 즉 아무리 착하게 살고, 사람들과 원활하게 잘 지내도 결국 하나님과의 관계가 제대로 되어 있지 않으면 아무런 의미가 없습니다. 가끔 보면 착하게 살기 위해서 종교를 믿는다고 생각하는 사람이 있습니다. 물론 종교를 믿게 되면 자기를 돌아보고, 신 앞에서 겸손해지기 때문에 사람들이 착해지고, 선해지는 것은 사실입니다. 우리도 예수를 믿기 때문에 착하게 보일 수 있습니다. 즉 거짓말하지 않고, 남의 물건 훔치지 않고, 부모를 공경하면서 살 수 있습니다. 그러나 중요한 것은, 우리

가 왜 그렇게 살고 있는지 그 의미를 알고 있다는 것입니다. 즉 내가 믿는 하나님이 그렇게 살기를 명령하셨기 때문에 우리가 그렇게 사는 것입니다. 즉, 내가 믿는 하나님을 닮아가기 때문에 우리의 속성이 변해서 선해지는 것이고, 내가 믿는 하나님이 명령하셨기 때문에 그렇게 사는 것입니다.

바로 이것이 중요합니다. 내가 착하게 살았기 때문에 하나님을 믿는 것이 아니라, 내가 믿기 때문에 착해지는 것입니다. 하나님과의 관계가 바르게 되어야 내가 선한 인간이 될 수 있고, 그러한 선함 때문에 우리가 다른 사람들과 특히 우리 부모와 가족, 그리고 이웃들에게 선해질 수 있습니다.

그러면 하나님을 믿는 우리에게 십계명은 어떤 의미가 있나요?

앞에서 주기도문과 사도신경에 대해서 이야기를 나누었습니다. 주기도문과 사도신경은 기독교인이라면 무엇을 믿어야 하고, 무엇을 생각해야 하는지를 가르쳐 줍니다. 그를 통해서 그리스도인은 어떤 고백을 해야 하고, 어떤 기도를 해야 하는지 알게 되는 것이죠. 간단하게 말해서 기독교인이 무엇인가에 대해서 이야기하고 있습니다.

십계명은 그렇게 하나님을 믿고, 예수님을 믿는 사람이 어떻게 살아야 하는지 이야기하는 것입니다. 즉 하나님을 믿으면 이렇게 살아야 하고, 이렇게 사는 사람이 하나님의 백성이라고 가르쳐 줍니다. 즉 고백 이후의 삶이 어떠해야 하는지 이 십계명이 답을 주고 있습니다.

❓ 십계명이 주기도문이나 사도신경 같은 신앙고백 이후의 삶에 대해서 알려 준다고 하셨는데요, 그러면 이 십계명을 처음 받은 이스라엘 백성들에게도 그런 의미가 있었나요?

이미 십계명이 이스라엘 백성이 애굽에서 나와서 시내산에서 받은 언약의 증표라고 말씀드렸습니다. 이 언약의 증표는 그냥 돌판에 지나지 않았습니다. 중요한 것은 하나님의 백성으로 이렇게 살라는 기준을 세워 준 것입니다.

애굽을 탈출할 당시만 해도 이스라엘 사람들은 자신들이 하나님의 백성이라는 생각이 확실하지 않았습니다. 그들이 정말 하나님의 백성이 된 것은 바로 이 십계명을 받고 하나님과 계약을 맺고, 그의 백성으로 살게 된 때부터입니다. 즉 이 십계명을 받고 그것을 지키면서 하나님의 백성이라는 자아정체성을 갖게 된 것이죠. 행함이 고백에 증거를 준 것입니다.

❓ 십계명은 열 가지 명령인데 우리가 살면서 지켜야 할 것이 열 가지밖에 없다면 너무 적은 것은 아닌가요?

맞는 말씀입니다. 우리가 이 열 가지만 가지고는 바른 삶을 살 수는 없습니다. 우리가 하나님의 백성으로 이 열 가지 외에도 많은 것들을 해야 하고, 또 하지 말아야 합니다. 그러나 중요한 것은 이 십계명이 우리에게 삶의 기준을 제시하고 있다는 것입니다. 즉 이것들을 먼저 잘 지키고 이 기준에 따라서 다른 것을 해야 할지, 하지 말아야 할지를 판단하게 됩니다.

이스라엘 사람들은 종살이하던 애굽에서 나와 광야에서 40년을

만나를 거두다(The Gathering of the Manna), 디에릭 보우츠 作, 루뱅 성베드로 성당.
모세의 지도 아래 이스라엘 백성이 이집트를 탈출해서 광야생활을 할 때 백성들이 먹을 것을 달라고 아우성을 친다. 그때 하나님이 만나(manna)라는 양식을 매일 내려주셔서 백성들을 먹여 주셨다. 그리고 낮에는 구름기둥으로 밤에는 불기둥으로 광야에서 그들을 인도해 주셨다.

방황하며 살았습니다. 그러다 하나님의 도움으로 정착생활을 하던 가나안 땅을 정복해서 들어가 살게 됐습니다. 그들의 문화에 비하면 이스라엘은 정말 보잘것없는 민족이었습니다. 그러나 이스라엘 민족이 그들에게 동화되지 않고 존재할 수 있었던 것은 바로 이 십계명의 힘이었습니다. 즉 이 기준이 있었기 때문에 하나님의 백성으로 바르게 살 수 있었고 하나님의 백성으로 존재할 수 있었습니다.

이스라엘이 하나님의 백성으로서 살 수 있었던 기준이 바로 십계명이라는 말씀이군요. 그런데 의문이 하나 생깁니다. 하나님을 믿으면 삶이 더 편안해지고, 자유로워야 할 것 같은데 이렇게 지켜야 할 것이 생기면 힘들지 않을까요?

이런 이야기가 있습니다. 이집트에서 종살이하면서 바로의 노예였던 이스라엘 백성이 탈출해서 하나님의 종이 되었습니다. 즉 주인만 바뀌었지 종살이는 똑같은 것 아니냐는 것입니다. 맞는 말입니다. 그런데 중요한 것은 거짓 주인의 종에서 참된 주인의 종이 되었다는 것입니다. 이전에 바로는 이스라엘 사람들을 종으로 삼아서 그들을 괴롭히고 노동을 착취했다면 하나님은 우리의 주인으로서 우리를 지키시고, 구원해 주신 분이십니다. 그리고 그분이 우리에게 이렇게 살라고 하시고, 또 저렇게 살라고 말씀하시는 것은 그의 자녀 된 우리가 그분을 바르게 섬기며, 하나님의 백성으로 바르게 살기 위해서입니다.

북한을 탈출해서 남한에서 살고 있는 분들이 탈출할 때 교회를 알게 되고, 도움을 받는 과정에서 하나님을 믿게 됩니다. 하나님의 도움 없이는 외국 땅을 거쳐서 이 남한 땅까지 들어오기가 쉽지 않기 때문입니다. 그래서 남한 땅에 들어올 때 이분들의 신앙이 참 뜨겁습니다. 사느냐, 죽느냐, 자유냐 죽음이냐라는 험한 과정을 겪으면서 하나님께서 살려주시고 이렇게 남한 땅까지 데려다 주셨으니 하나님을 돈독하게 믿게 되는 것이죠.

그런데 남한에 와서 교회를 좀 다니다가 안 다니시는 분들이 간혹 계십니다. 그런 분들에게 왜 교회를 나오시지 않냐고 물어 봤습니다. 하시는 말씀이, 자유를 찾아서 목숨 걸고 남한 땅까지 들어왔는데 남한에서 다니는 교회에서 자꾸 이것, 저것 하라고 요구해서 못 다니겠다고 합니다. 교회 다니면 주일에 예배드리고, 성경공부도 하고, 성도들과 교제도 나누어야 하고 여러 가지 해야 할 일들이 생깁니다. 북한에서 김일성, 김정일 부자의 노예 생활이 싫어서 도망쳤는데 이제는 하나님의 종살이를 해야 한다고 생각하는 것입니다. 그러나 이것은 잘못된 생각입니다.

하나님은 우리에게 자신을 위해서 무엇을 해 주기를 바라시는 것이 아니라 우리가 하나님의 백성으로서 바르게 살기를 원하십니다. 당신이 사랑하는 우리들이 신앙인으로 살기를 바라시기 때문에 교회에서 예배드리고, 기도드리고, 교육 받기를 원하시는 것입니다. 그래서 종으로 산다는 것은 매여진 종이 아니라 하나님의 백성이라는, 하나님의 자녀가 되는 특권으로 매이는 것입니다. 자녀는 자녀의 의무가 있고, 부모는 자녀들을 바른 사람으로 키우기를 원하는 것과 같이 하나님도 우리를 자신의 자녀로 삼아서 바르게 키우기를 원하십니다.

십계명이 무엇인지, 그리고 우리에게 어떤 의미가 있는지 알게 되었습니다. 그러면 십계명에는 어떤 내용이 담겨 있는지 궁금합니다.

십계명의 일계명과 이계명은 비슷한 내용입니다. 너는 나 외에는 다른 신들을 네게 두지 말라가 첫 번째 계명이고, 둘째는 너를 위하여 새긴 우상을 만들지 말고, 또 위로 하늘에 있는 것이나 아래로 땅에 있는 것이나, 땅 아래 물 속에 있는 어떤 형상도 만들지 말며, 그것들에게 절하지 말며, 그것들을 섬기지 말라고 하십니다. 간단히 말하면 하나님 외에 그 어떤 우상도 만들지 말라는 것입니다.

사람들은 이상한 마음이 있는데 그것은 자신에게 맞는 신을 찾아다닌다는 것입니다. 천지를 창조하시고 이 세상을 운영하시는 전지전능하신 하나님을 믿으면서도 건강을 주는 신을 찾고, 돈을 벌게

해 줄 신을 찾기도 하고, 나의 미래를 말해 줄 신을 찾기도 하고, 자녀가 공부를 잘하게 해 줄 신을 찾기도 합니다. 그리고 좀 더 눈에 보이게 하려고 신을 만들어서 두기도 합니다. 그래서 마을에 성황당을 만들기도 하고, 장승을 만들기도 하고, 마을의 나무, 돌 등을 섬기고, 여러 동물을 섬기기도 합니다. 하나님을 안 믿는 것은 아닌데 이런 신들도 옆에 있었으면 합니다. 바로 이것이 우상을 섬기는 일입니다.

어떤 사람들은 왜 하나님만 믿고 다른 신은 믿지 못하게 하느냐고 말하면서 하나님이 너무 편협하다고 합니다. 하나님이 사랑의 하나님이면 다른 신들도 사랑하셔야 되지 않냐고 질문을 하기도 합니다.

하나님은 자신의 백성을 사랑하십니다. 하나님을 믿는 우리를 너무나 사랑하셔서 신이신 하나님이 인간의 몸으로 이 땅에 오셔서 고난받으시고 십자가에 달려 돌아가시기까지 하셨습니다. 하나님의 사랑은 그냥 뜬구름 같은 사랑이 아니라 이렇게 구체적으로 우리에게 다가오는 사랑입니다. 하나님은 이스라엘 백성들을 사랑하셨기 때문에 그들의 필요를 채워주시고, 때로는 징계도 하시고 끊임없이 그들을 용서해 주시는 분이십니다. 이것이 사랑입니다. 아주 구체적인 사랑입니다. 그렇기 때문에 사랑하는 자에게 여러 가지를 요구하십니다. 내가 너를 사랑하여 이렇게 하니 너도 나에게 이렇게 해 달라는 표현이죠. 그래서 하나님은 내가 너를 사랑하니 너도 나만을 사랑해 달라고 하시는 것입니다.

우리가 사이좋게 모든 신을 믿는다는 것은 어떤 신도 믿지 않는다는 말입니다. 우리가 사랑한다고 하면서 이 여자도 사랑하고, 저 여자도 사랑할 수 없습니다. 그것은 아무도 사랑하지 않는 것입니다. 우리에게 부모님이 계시는데, 모든 어르신을 다 사랑하고 공경해야 한다고 하면서 부모님을 놔두고 다른 어르신들만 찾아뵙고, 그분들만 모신다면 그것은 부모님을 사랑하는 것이 아닙니다.

이처럼 하나님을 믿으면서 다른 우상을 섬기는 것은 하나님을 바르게 믿는 것이 아닙니다. "하나님이 우리를 사랑하셔서서 나는 너의 하나님이 되고 너는 나의 백성이라고 말씀하셨는데 그것도 좋은 말씀이고 우리는 또 다른 신도 사랑하렵니다." 이것은 말이 안 되는 생각입니다. 인간의 욕심과 좁은 생각을 버리고 참되신 하나님을 바르게 믿어야만 합니다.

 하나님의 약속인 십계명의 내용을 생각해 봅시다.

 나의 삶 속에서 하나님 외에 섬기는 것들이 있습니까?

 하나님을 온전히 섬기기 위해서 결단해야 할 것을 기록해 봅시다.

16장 십계명을 가지고 어떻게 살아야 하나요?
- 십계명 Ⅱ

여호와께서 그의 언약을 너희에게 반포하시고 너희에게 지키라 명령하셨으니
곧 십계명이며 두 돌판에 친히 쓰신 것이라 ●신명기 4장 13절

십계명의 세 번째 계명을 보면 '너는 네 하나님 여호와의 이름을 망령되게 부르지 말라'라고 나와 있습니다. 이 계명의 의미는 무엇인가요?

이름이라는 것은 상당히 중요한 의미가 있습니다. 우리가 서로 만나면 통성명을 하고 명함을 나누어 줍니다. 명함은 이름 명(名)자가 들어가 있는 이름카드라고 할 수 있죠. 즉 이름을 나눔으로써 나를 소개하는 것이고, 서로 알고 지내자는 의미가 있습니다. 이름은 단

순히 부름의 글자가 아니고 나를 의미하는 뜻글자입니다. 나를 한 마디로 정리하면 바로 그 이름이라는 것이죠.

우리가 앞에서 주기도문과 사도신경에 대해서 배우면서 둘 다 '하늘에 계신 우리 아버지여, 이름이 거룩히 여김을 받으시오며', 또는 '전능하사 천지를 만드신 하나님 아버지를 내가 믿사오며'라고 먼저 하나님의 이름을 부르는 것을 알 수가 있습니다. 하나님의 이름을 통해 드러나는 모든 존재에 대해서 우리가 기도하며 고백하는 것입니다.

이름은 이처럼 성경에서 권세를 나타냅니다. 그의 이름을 부름으로 그의 권세를 부르게 되는 것입니다. 신약성경의 빌립보서 2장 9절에 보면 '모든 이름 위에 뛰어난 이름을' 하나님이 예수님께 주셨다고 나옵니다. 즉 이 말은 이 땅 위에 모든 권세보다 더 큰 권세를 예수님께 주셨다는 말입니다. 즉 이름이 권세입니다. 그래서 기도할 때도 마지막에 "예수님 이름으로 기도드립니다"라고 하는 이유가 바로 우리가 그의 이름의 권세를 빌리기 때문입니다.

바로 이런 하나님의 이름을 망령되게 부르지 말라는 것입니다. 너희 마음대로 하나님의 이름을 함부로 불러대지 말라는 것입니다. 이 말은 두 가지 정도로 이해할 수 있습니다. 첫째는 하나님의 이름으로 맹세하지 말라는 것이죠. 연약한 인간은 약속을 하고도 지키지 못할 수도 있고, 사실을 잘못 알고 하나님의 이름으로 맹세해서 하나님이 거짓된 일에 증인이 될 수도 있습니다. 둘째는 우리의 잘못된 행동으로 아버지 되시는 하나님의 이름이 부끄러워져서는 안 된다는 것이죠. 아들이 잘못된 일을 하고, 망나니짓을 하면 "그놈 뉘 집 아들이냐"라는 소리가 나오지 않습니까. 이처럼 하나님의 백성이 잘못된 행동을 하면 아버지이신 하나님의 이름을 부끄럽게 하는 것이기 때문에 조심해야 합니다.

이름에 큰 의미가 있군요. 그의 이름을 망령되게 부르지 말아야겠습니다. '안식일을 기억하여 거룩하게 지키라'는 것이 네 번째 계명이네요.

안식일은 6일간 일하고 7일째 되는 날에 쉬는 것을 말합니다. 일주일이라는 단위가 생긴 것도 바로 이 성경의 전통에 따른 것입니다. 하나님께서 이 세상을 만드실 때에 6일간 모든 것을 만드시고 제7일에 쉬셨던 것을 기억하면서 이 전통을 따릅니다. 즉 하나님께서 쉬셨으니 우리도 쉰다는 것이죠.

요즘은 일주일에 하루 쉰다는 것이 보편화되었고, 토요일도 직장이나 학교에서 쉬는 곳이 대부분인데, 옛날에는 일주일에 하루 쉬기도 어려웠습니다. 지금도 농사를 짓는 분들은 매일 사람의 손길이 필요하기에 특별히 쉬는 날을 따로 잡기가 쉽지 않습니다. 그런데 주인이 있고, 종이 있던 시절에 주인이 종들을 일주일에 하루 쉬게 해 준다는 것은 정말 어려운 결심이었을 것입니다. 그런데 성경은 일주일에 하루를 정해서 이날은 모든 일을 쉬고 온전히 하나님께 드리라고 합니다. 즉 쉬는 것도 종교행위의 일환으로 삼아서 쉬는 날에 하나님을 기억하고 경배하도록 만든 것입니다. 그래서 주인도 함부로 하지 못하도록 자신도 쉬고, 종들도 쉬도록 했던 것이죠. 놀라운 것은 자신만 쉬는 것이 아니라 자녀들도, 종들도, 거기에 집안의 가축들도 쉬게 했다는 것입니다. 가축들마저도 생명이기 때문에 쉼이 필요하다는 것을 가르쳐 주고 있습니다.

　이런 쉼을 통해서 기독교인들은 자신의 신앙을 고백합니다. 일주일의 시간이 나의 시간이 아니라 하나님의 것임을 고백하는 것입니다. 내가 하루 더 일하면 더 많은 것을 얻고, 더 부자가 될 것 같지만 내 삶이 하나님의 것임을 고백하며 하루를 쉽니다. 내 삶의 주인이 하나님임을 증거하는 것이죠.

일요일이 그냥 쉬는 날이 아니라 창조 섭리와 우리의 신앙고백이 담겨져 있다는 말씀이시죠. 이 하루에 깊은 뜻이 있네요. 다섯째는 '네 부모를 공경하라'라고 나와 있는데, 효는 인륜의 근본인 것 같습니다.

맞는 말씀입니다. 유교에서는 모든 근본이 효에 있다고 합니다. 기독교도 마찬가지입니다. 그래서 인간관계에 속하는 계명 중 효를 가장 앞에 둔 것이죠. 한국에서는 기독교가 제사를 지내지 않는다고 불효한 종교라고 말하는데 잘못된 이해입니다. 기독교는 인간의 계명 중 부모 공경을 가장 중요하게 여깁니다.

단지 제사가 조상의 신을 섬기는 것으로 이해되기 때문에 우리가 피하는 것이죠. 대신 명절 때나 제사 때 모여서 예배를 드리기도 하고, 기도를 하기도 합니다. 이를 통해서 조상을 기억하고 가족 간에 공동체 의식을 나누기도 합니다.

육계명은 '살인하지 말라'는 것이죠.

살인하지 말라는 것은 우리 모두에게 다가오는 말씀입니다. 사람이 사람을 죽이는 것은 물론 잘못된 행위이고, 아주 큰 죄에 속합니다. 그런데 사람이 왜 사람을 죽이면 죄가 되는지에 대해서는 깊은 생각이 필요합니다.

성경에서는 하나님이 인간을 만들 때 하나님의 형상으로 만들었다고 나와 있습니다. 한 사람, 한 사람 모든 인간들이 하나님의 형상, 즉 하나님의 모습을 닮은 사람인 것입니다. 인간은 하나님을 만나지 못하기 때문에 하나님의 모습이 어떤지 알지 못합니다. 그림에 나타나는 하나님의 모습은 단지 화가들의 상상으로 그려진 것에 지나지 않습니다. 우리는 하나님의 모습을 알지 못합니다. 그런데 우리가 하나님의 형상으로 지음 받았다는 것은 무슨 뜻일까요?

그것은 우리가 하나님의 모양이 아니라 하나님의 속성, 즉 성품을 물려받았다는 것입니다. 그래서 우리 안에는 이런 하나님의 모습이 남아 있습니다. 인간이 악하다고 하지만 그래도 우리가 인간을 믿을 수 있는 것은 바로 이런 하나님의 형상이 우리 가운데 남아 있기 때문입니다. 그래서 우리가 모두 다 존귀한 존재들입니다. 그런데 우리가 사람을 죽인다는 것은 바로 이런 하나님의 형상을 죽이는 행위이기 때문에 감히 해서는 안 되는 일입니다. 한 사람을 죽이는 것도 큰 죄지만, 그 안에 있는 하나님의 형상을 죽인다는 것은 더욱 큰 죄에 속합니다.

그런데 세상에는 개인이 저지르는 살인도 있지만 전쟁이라는 합법적인 살인행위도 있습니다. 점점 과학이 발달하면서 더욱 더 무서운 무기들이 발달하고 있습니다. 한 번에 수백 명, 수천 명을 죽일 수 있는 무기들도 나타나고, 한 번에 수만 명을 죽일 수도 있는 무기들도 생겨납니다. 핵무기가 터지면 한 도시의 수많은 사람들이 죽을 수 있습니다. 그런데 이런 무기를 만들고 부끄러워하지 않고 자랑스러워한다는 것은 정말 이해할 수 없는 행동입니다. 수많은 사람을 죽일 수도 있다는 사실을 세계만방에 알리며 자랑하는 일들이 일어나고 있습니다.

그리고 나쁜 정권들이나, 나쁜 일당들이 양심의 거리낌 없이 자신들의 조직을 위해서 사람들을 괴롭히고, 때리고, 죽이는 일을 하고 있습니다. 지금도 북한에서는 공개처형을 한다고 합니다. 부끄러움을 잊어버린 사람들입니다. 하나님께서 자신의 형상을 깨뜨려 버린 사람들에게 벌을 예비하시리라 생각합니다.

살인이 매우 큰 죄인지는 알았지만 설명을 들으니 더욱 큰 죄라는 사실을 깨닫게 됩니다. 그리고 살인을 죄라고 생각하지 못하는 이 세대에 대해서도 생각을 해 보게 되네요. 그리고 제 칠계명은 '간음하지 말라'고 나와 있네요.

요즘 사람들은 간음에 대해서 죄의식이 없어진 것 같습니다. 성에 대해서 열린 생각들을 하다 보니까 간음도 나쁘다고 생각하지 않는 것 같습니다. 그래도 여자들은 부끄럽게 생각하는데 남자들은 자신들이 잘나서 하는 행동인 듯 자랑하는 사람도 있습니다. 자기가 권세가 있고 돈이 있어서 여자를 마음대로 할 수 있다고 생각하는 것 같습니다. 바로 양심에 불 맞은 자들입니다. 지금도 간음은 법적으로 죄악이며 형벌을 받습니다. 양심의 문제이면서 동시에 사회적인 범죄행위인 것입니다.

　하나님께서는 가정을 이루고 사랑을 나누라고 성을 우리에게 허락하셨습니다. 그런데 잘못된 행동 때문에 가정을 깨뜨리고 하나님께서 허락하신 성으로 범죄를 저지르는 결과를 가져오게 됐습니다. 많은 것들이 그렇지만 원래의 선한 목적을 벗어나서 죄악을 만드는 결과가 생기게 됐습니다.

제 팔계명은 '도둑질하지 말라' 입니다.

하나님께서 주신 여덟 번째 계명은 도둑질하지 말라는 것입니다. 이것 역시 사람들이 많이 저지르는 죄 중의 하나입니다. 물론 전문적으로 남의 물건을 훔치는 자들도 있습니다. 그것으로 먹고사는 일을 삼는 것이죠. 또는 떼를 지어서 남을 물건을 빼앗고, 훔치는 자들도 있습니다.

성경에 보면 하나님은 모든 사람에게 공평하게 재물을 나누어 주셨습니다. 그리고 안식년에 빚진 것들을 다시 돌려주라고 합니다. 이스라엘에는 50년이 되면 남에게 샀던 땅도 다시 돌려주는 희년이라는 제도가 있었습니다. 모든 사람이 자기에게 주어진 재물을 다시 가져야 한다는 것이 성경의 사상입니다.

그런데 불법적인 방법으로 남의 것을 도둑질한다는 것은 성경에서 용납할 수 없는 죄입니다. 남의 것을 뺏는 것도 도둑질이지만 우리가 알게 모르게 남에게 피해를 주어서 그의 재물에 피해를 주는 행위도 도둑질입니다. 그가 피해를 입고 내가 이익을 본다면 그것

역시 더 큰 도둑질입니다. 우리는 알게 모르게 이렇게 적지 않은 도둑질을 한다는 사실을 기억하고 조심해야 할 필요가 있습니다.

도둑질이 그냥 남의 물건을 몰래 훔치는 것 이상의 뜻이 있네요. 그러면 제 구계명을 볼까요? '네 이웃에 대해서 거짓 증거하지 말라'입니다.

십계명 중에서 가장 어려운 계명이라고 생각합니다. 그만큼 우리는 쉽게 거짓말을 하고 삽니다. 우리는 필요할 때 거짓말을 하기도 하지만, 그냥 습관적으로 거짓말을 하는 사람도 있습니다. 거짓말을 백프로 하지 않는 사람은 아예 없을 것입니다. 그래도 그런 거짓말의 유혹에서 벗어나는 일이 정말 중요합니다.

대개는 우리가 연약하기 때문에 거짓말을 하게 되는 경우들이 있습니다. 자신감이 있을 때는 나에게 불이익이 돌아오더라고 당당하게 내 잘못이라고 시인할 수 있지만 스스로 그런 준비가 되어 있지 않았을 때는 거짓말을 하게 됩니다. 그런 상황이 내게 오지 않도록 우리는 깨어서 기도하고 준비해야 합니다.

그리고 마지막으로 열 번째 계명입니다. '네 이웃의 집을 탐내지 말라'는 것인데 네 이웃의 집은 그 집에 속해 있는 모든 것들을 말하는 것이죠.

내가 가진 것 외에 다른 집에 있는 것들이 부럽고 갖고 싶을 때 우리는 죄의 유혹에 빠지게 됩니다. 함께 다 어렵고 주위의 사람들이 다 고만고만할 때는 유혹을 받지 않습니다. 그런데 나에게 없는 것이 이웃집에서 보이기 시작할 때 죄의 유혹을 받게 되는 것이죠. 그가 왜 나보다 많은 것을 가져야 하고, 좋은 것을 가져야 하는지 생각이 나고, 생각해 보면 억울하고, 좋지 않은 방법을 통해서라도 가지고 싶은 것입니다.

 이렇게 이웃의 물건이 눈에 보이기 시작하면 문제는 그 이웃이 눈에 보이지 않는다는 것입니다. 어제까지 함께 잘 지내던 이웃일지라도 물건에 관심이 있으면 그 주인인 사람은 보이지 않게 됩니다. 그래서 우리가 죄를 짓고 맙니다. 이웃을 생각하면 그런 짓을 할 수 없을 텐데 물건만을 생각하면 그런 죄를 지을 수 있는 것이죠. 그래서 우리의 시선이 사람이 아닌 물건에 가지 않도록 깨어서 기도해야 합니다.

 생활 속에서 하나님의 계명을 지킨다는 것이 무슨 의미인지 생각해 봅시다.

 이 시대에 파괴되고 왜곡되어 있는 윤리와 문제는 무엇입니까?

 이 세상에서 하나님의 계명을 회복할 수 있는 방법을 나누어 봅시다.

4부

우리는 어떻게 살아야 하나요?

17장 신앙이란 무엇인가요?

믿음은 바라는 것의 실상이요 보이지 않는 것들의 증거니
● 히브리서 11장 1절

우리가 하나님을 믿는다고 하고, 예수님을 믿는다고 하는데 이 믿는다는 것은 무엇인가요?

믿는다는 것은 쉽게 말해서, 이미 우리가 배운 사도신경을 믿는다는 것입니다. 사도신경이 가르쳐 주고 있는 하나님의 일들과 예수님의 일들, 그리고 성령님의 일들이 사실임에 동의를 하고 동시에 내 마음 깊은 곳에서부터 그것이 나를 위한 것이라고 동의하는 것입니다. 즉 사도신경에 나온 내용에 대해서 아멘이라고 대답하는 것이 믿음입니다. 아멘이라는 단어는 구약성경이 쓰여 있는 히브리어로 진실로 그러하다는 동의의 말입니다. 믿는다는 것은 바로 이처럼 사도신경에 나온 내용을 내가 진실로 믿는다는 것입니다.

그러나 더 중요한 것은 우리가 성경에 나온 내용에 대해서 동의를 하는 것입니다. 성경 가운데 나타나시고 역사하시는 하나님을 우리가 믿는 것이고, 우리의 죄를 위해서 십자가에 달려 돌아가신 예수님을 믿는 것이고, 우리 가운데 역사하셔서 이런 믿음을 허락하시는 성령님을 믿는 것입니다.

그런데 이런 믿음이 생긴다는 것이 쉽지가 않습니다. 전에 제가 만났던 어떤 성도님은 저에게 이런 고백을 하셨습니다. 예수님이 자기를 위해서 돌아가셨고, 그를 통해서 내 죄가 용서되었다는 사실을 알기는 하는데 그것이 믿어지지가 않는다는 것입니다. 그러면서 이런 예를 드셨습니다. 만약에 어떤 사람이 내가 차에 치일 상황에서 나를 밀치고 자신이 대신 죽었다면 그 사람을 생각하고, 그 가족을 만날 때마다 눈물이 넘쳐날 텐데 지금의 나는 예수님을 만나도 그런 감동이 없다는 것입니다.

이것이 바로 믿음이라는 것입니다. 예수님이 십자가에 달려 돌아가셨다는 역사적인 사실을 나의 사건으로 받아들이고 감동하는 것이 바로 믿음이라고 할 수 있습니다.

믿음이 생기는 것이 쉽지는 않는 것 같습니다.

성경에 쓰여 있다고 그것이 다 나의 믿음으로 받아들여지는 것은 아닙니다. 물론 하나님께서는 그런 믿음을 허락해 주시기도 합니다. 그러나 일반적으로 믿음을 쉽게 가지기가 어렵습니다. 그것보다는 오늘 살아 계신 하나님을 경험하게 될 때 하나님에 대해 쓰여 있는 성경의 사실들이 믿어지는 것입니다.

지금 내 병이 고쳐졌다면, 그 병을 고치신 하나님에 대해 쓰여 있는 성경 내용이 내 이야기가 됩니다. 그리고 지금 나에게 일용할 양식을 주시는 하나님을 만나게 될 때 예수님이 광야에서 오천 명도 더 되는 사람들을 물고기 두 마리와 떡 다섯 덩어리로 먹이셨다는 이야기가 믿어집니다. 즉 오늘 경험하는 살아 계신 하나님을 우리가 믿게 될 때 성경에 쓰인 수천 년 전의 사건들이 나의 사건으로 믿어지는 것입니다.

 믿음이 생기는 특별한 과정이 있나요?

믿음이 어떻게 생기는가에 대해서는 어떤 정답도 없습니다. 사람들마다 오늘 하나님을 경험하는 방법이 다르기 때문입니다. 제일 먼저 사람들이 어려움에 처했을 때 하나님을 만나게 됩니다. 도저히 인간의 힘으로는 어찌해 볼 도리가 없을 때 우리는 하나님을 찾게 되고, 그 신음 소리를 들으시는 하나님께서 우리를 만나주시는 것입니다. 보통 사람들은 병들었을 때 죽을 고비에서 하나님께 부르짖고, 기도하면서 병을 고쳐 주시는 하나님을 만나기도 합니다.

옛날 이스라엘에는 히스기야라는 왕이 있었습니다. 이 왕이 병에 걸려 죽게 생겨서 하나님께 간절히 기도했습니다. 그러자 하나님이 이 왕에게 증거를 보여 주셨습니다. 낮의 해를 10도 뒤로 물러나게 한 것입니다. 이 사건을 통해서 병이 나을 것이라는 것을 보여 주셨습니다. 그래서 이 왕이 15년을 더 살며 이스라엘을 다스렸습니다 (열왕기하 20장). 교회에 가 보면 이렇게 병으로 고생하다가 하나님께서 고쳐 주셔서 살고 있는 사람들이 많이 있습니다. 이분들은 그 고난 가운데 하나님을 발견하게 되고 하나님이 살아 계시다는 것을 절실하게 느끼게 되는 것입니다.

또 성경에는 야곱이라는 인물이 등장합니다. 야곱은 무서운 형을 속이고 도망가는 신세가 되었습니다. 잘 사는 집 막내아들이었던 야곱은 형에게 쫓겨서 광야에서 돌베개를 베고 하늘을 이불 삼아 자고 있었습니다. 이 야곱에게 하나님이 찾아오신 것입니다. 갈 곳을 몰라 방황하며 고난 가운데 죽음을 생각해야 했던 야곱에게

야곱 이스라엘 민족의 조상 아브라함의 손자이며 아버지 이삭과 어머니 리브가 사이에서 태어난 쌍둥이 동생. 허기져 돌아온 형에게 팥죽 한 그릇으로 장자권을 사고 눈 먼 아버지를 속이고 형이 받아야 할 축복을 가로챘기 때문에 외삼촌 라반의 집으로 도망 나올 수밖에 없었다.

하나님이 찾아오셔서 그를 통해 많은 민족을 이루시겠다고 약속해 주셨던 것입니다. 바로 이스라엘 민족은 이 야곱을 통해서 생겨났습니다. 이처럼 인간들은 고난을 겪으면서 자신이 더 이상 어찌해 볼 도리가 없는 지경에 이르게 되고, 자신의 힘이 아닌 전능자의 힘을 의지하게 됩니다. 하나님께서 바로 그곳에 찾아와 주시고 바로 사람들은 그 자리에서 하나님을 만나고 신앙을 가지게 되는 것입니다.

몹시 어려운 상황에서 인간이 힘을 잃을 때 우리에게 다가오시는 하나님을 경험하게 된다고 말씀하셨는데요, 성경 인물 중 어려울 때가 아니라 한참 잘 되고 있을 때도 하나님을 만났던 바울과 같은 경우도 있지 않나요?

그것이 바로 하나님의 전적인 은혜입니다. 아무런 기대와 바람도 없는 상황에서도 하나님께서 그 사랑하시는 자들을 찾아가셔서 만나 주십니다. 미처 자신이 죄인이라는 사실을 깨닫기도 전에 하나님께서 그를 자신의 자녀로 삼아주시는 것이죠.

말씀하신 바울의 경우는 예수님을 믿으려고 노력하던 자가 아니라 예수님을 믿는 사람들, 즉 교회를 핍박하던 자였습니다. 예수를 믿는 사람들을 찾아서 법정에 세우고 때로는 사람들을 선동하여 돌로 때려죽이기도 한 무서운 사람이었습니다. 오죽하면 성경에 그의 눈에 살기가 등등하다고 했을까요? 그런데 예수님은 놀랍게도 이 무서운 눈을 치십니다. 그의 눈을 멀게 하고 그를 무릎 꿇게 하시고 그에게 찾아와 주신 것입니다. 바울은 예수님을 만나려고 한 자가 아니라 예수 믿는 사람을 괴롭혔던 자였음에도 불구하고 예수님께서 직접 찾아오셔서 그를 만나고, 그에게 믿음을 허락해 주셨습니다.

성경에는 또 탕자의 비유가 나옵니다. 어떤 아들이 아버님이 돌아가시기도 전에 유산을 물려받아서 외국에서 방탕하게 쓰다가 거지꼴이 되어서 돌아옵니다. 이 아들이 굶주리다가 염치없지만 아버

돌아온 탕자(The Return of the Prodigal Son), 렘브란트 作, 러시아 상트페테르부르크 에르미타슈미술관.
예수님께서 말씀하신 돌아온 탕자 비유는 하나님이 죄인과 회개에 대해 어떻게 대하시는지 잘 보여 주고 있다. 하나님 아버지의 인자한 모습과 누더기를 입고 있는 죄 많은 인간의 모습이 렘브란트 그림에 잘 묘사되어 있다.

지 집에서 종노릇이라도 해야겠다고 마음먹고 돌아옵니다. 그런데 아버지가 저 멀리에서 아들이 돌아오는 것을 보고는 달려가서 그를 맞이하고, 비단옷과 장신구로 치장해서 입히고 그를 위해서 성대한 잔치를 베풀어 줍니다. 그러면서 내 아들이 죽었다가 살아 돌아왔다고 선포합니다. 그 아들은 아버지께 죄를 짓고 나쁜 일만 했지만, 아버지는 죽었다고 생각했던 아들이 돌아온 것만으로 즐거운 것입니다. 하나님은 이렇게 죄인 된 우리에게 그 이유를 따지지 않으시고 기쁘게 맞아주십니다. 이것이 바로 전적인 은혜입니다.

그렇게 극적으로 하나님을 만나고 믿음이 생기는 사람들만 있나요?

아닙니다. 대게 많은 사람들은 그렇게 극적으로 하나님을 만나는 경험이 없습니다. 특히 어려서부터 교회를 다니면서 예수님을 믿게 되거나, 부모님과 함께 교회를 다녔던 사람들은 이런 극적인 만남보다는 매일같이 자신을 돌봐주시고, 자신의 삶을 동행해 주시는 하나님을 만나는 것입니다. 죽을병을 고쳐 주시는 하나님이 아니라 오늘 힘든 감기를 낫게 해 주시는 하나님, 우리 아이가 아파서 울고 있을 때 낫게 해 달라고 간구하는 어머니의 기도를 들으시는 하나님을 믿는 것이 믿음입니다.

또는 학교에서 시험을 보면서 시험지를 앞에 두고 기도하는 수험생의 기도를 들으시고, 오늘 필요한 작은 선물을 준비하셨다가 우리 삶을 기쁘게 만드시는 하나님을 만나는 것도 바로 이런 믿음입니다.

많은 사람들은 탕자와 같이 극적으로 하나님을 만나는 것이 큰 믿음처럼 생각할 때가 많습니다. 그러나 우리가 잊지 말아야 할 것은 많은 사람들은 그런 고난을 통해서 하나님을 만나기보다는 평범한 삶 속에서 하나님이 동행해 주시는 복을 누리고 있다는 것입니다. 그런데 이런 복을 깨닫지 못하는 사람들이 많습니다. 일상 속에서 우리에게 찾아와 주시는 하나님을 깨닫고 믿게 되는 복이 있다는 사실을 알게 되기를 바랍니다.

이렇게 우리 삶에 동행해 주시는 하나님을 깨닫게 되고 믿게 되는 경우도 있군요. 정말 중요한 것들은 항상 우리 가운데 있는데 깨닫지 못한 때가 많았던 것 같습니다. 믿음은 어떤 경우에 생기나요?

개신교는 전통적으로 하나님을 아는 지식에 대해서 강조합니다. 개신교는 아주 이성적인 종교라서 항상 하나님의 말씀인 성경을 공부하는 데 많은 시간을 할애합니다. 성경을 읽어서 하나님의 진리를 깨닫게 되고 그 깨달음이 믿음이 됩니다.

　이런 전통에 따라서 교회는 처음 오는 사람들을 대상으로 기초과정을 가르치고 믿음이 성숙해지는 정도대로 다양한 성경공부 과정을 제공하고 있습니다. 사람들은 성경을 배우면서 그 안에 있는 진리를 깨닫고 이 인류를 구원하시는 하나님의 섭리를 알아 가면서 성경의 말씀이 거짓이 없는 진리라는 사실을 깨닫게 됩니다. 이런 깨달음이 생기면 그것이 믿음이 되고 성경의 진리들이 나의 진리가 되고, 이 세상의 진리가 되는 것입니다.

　그래서 다른 나라에 선교사로 가시는 분들을 보면 빨리 그 나라 말로 성경을 번역하기 위해서 노력합니다. 우리나라에 들어온 선교사들도 1884년 조선에 들어올 때 이미 부분적이지만 한글로 번역된 성경을 가지고 왔습니다. 그 이유는 바로 성경을 읽기만 해도 깨닫게 되고, 그 깨달음을 통해서 하나님을 믿는 일들이 일어난다는 것을 알았기 때문입니다.

　　하나님을 아는 지식이라는 말씀이 마음에 와 닿네요. 성경을 배우고 그 지식을 쌓으며 깨닫는 순간 믿음이 생긴다는 말씀이신데, 또 다른 방법으로 믿음이 생기는 경우도 있나요?

교회를 다니면서 교회라는 하나님의 백성 공동체에 속해서 믿음을 갖게 되는 경우도 있습니다. 교인들이 다들 믿음이 있기 때문에 교회에 다니는 것이 아닙니다. 처음 교회를 갈 때는 믿음이 있기보다는 무엇을 얻으려고 나오는 사람들이 더 많습니다.

예를 들어 우리가 어릴 적에 교회에서 나누어 주는 간식을 먹으려고 교회에 다녀본 기억이 있지 않습니까. 제가 아는 어떤 분은 어릴 적 교회에서 선교사님이 쪄 주시는 찐빵이 정말 맛있어서 그것을 먹으려고 교회를 다니게 됐다는 이야기를 하셨습니다. 그분은 지금 연세가 칠십이 넘으셨는데도 그 당시에 먹었던 그 찐빵을 기억하면서 말씀을 하시는 것을 들었습니다.

우리 민족의 스승이신 김구 선생님도 이런 경우에 속합니다. 김구 선생님의 일기인 백범일지에 보면 선생님이 한때 동학의 간부인 접장이었는데 동학혁명이 실패로 돌아가자 스스로 큰 고민에 빠졌다고 합니다. 동학을 통해서 나라를 구할 수 있다고 생각했는데 결국 실패로 돌아갔기 때문입니다. 그때 선생님이 이 민족이 살길은 이제 기독교밖에 없다고 생각하셨습니다. 그래서 김구 선생님이 교회를 다니게 되셨고 그 후에 믿음을 가지셨을 것으로 보입니다.

또는 도움을 얻기 위해서 교회를 찾으시는 분들도 있습니다. 앞에서 이야기한 적이 있습니다만 북한을 탈출하신 동포들이 교회에 도움을 얻고자 찾아옵니다. 도움만 얻는 것이 아니라 믿음도 함께 받아서 신앙생활을 잘하시는 모습을 자주 봅니다.

이처럼 사람들은 다양한 필요에 따라서 교회를 찾습니다. 그런데 그 이유는 다양할지 몰라도 교회를 출입하게 되면 하나님의 말씀을 자연스럽게 듣게 되고, 가르침을 배우게 되고, 신앙의 형제자매들을 만나면서 자연스럽게 신앙을 가지게 됩니다. 성령님께서 역사하시기 때문에 이런 믿음이 생길 수 있는 것입니다.

성경이 전해 주는 진리, 즉 예수 믿고 죄 사함 받고 천국에 간다는 이 진리는 오늘도 계속되는 우리의 믿음입니다. 그리고 하나님만이 이 세상의 주인이시고 이 세계를 선하게 이끌어 가시는 분이심을 믿는 것이 바로 우리의 믿음입니다. 이 믿음이 여러분에게 있기를 소원합니다.

 하나님께서 우리에게 믿음을 주시기 위해서 행하신 일들을 생각해 봅시다.

 믿음을 지키기 위해 신앙생활 속에서 어떤 경험과 노력을 하고 있나요?

 믿음이 성장하기 위해서 내가 할 수 있는 일들을 나누어 봅시다.

18장 기독교인은 어떻게 살아야 하나요?

이제 내가 육체 가운데 사는 것은 나를 위하여 자기 자신을 버리신
하나님의 아들을 믿는 믿음 안에서 사는 것이라 ●갈라디아서 2장 20절

예수를 믿는 기독교인은 어떻게 살아야 하는지 궁금합니다. 기독교인은 아무래도 다른 삶을 살아야 하지 않을까요?

신앙은 무엇보다도 회심이나 회개라는 단계를 거쳐서 생겨납니다. 회심은 마음을 돌이킨다는 뜻이고, 회개는 돌이켜서 고친다는 뜻이 있습니다. 우리가 예수님을 믿게 되고, 그가 정말 나의 구세주가 되셔서 죄인으로 죽게 된 나를 구원해 주셨다는 사실을 알게 된다면 삶이 변할 수밖에 없습니다. 내 속에 있는 것들이 바뀌는데 어떻게 겉이 변하지 않겠습니까?

그동안은 내 욕심대로 사는 인생이었다면, 이제 내 욕심이 아니라 어떻게 하면 내가 하나님을 내 안에 모시고 살까를 생각하게 되는 것입니다. 내가 주인 되어서 왕노릇하는 것이 아니라 예수님이 내 삶의 주인이 되는 것이죠. 이것이 예수 믿는 사람들이 사는 방법입니다. 이렇게 삶의 주인이 바뀌게 되면 내 인생을 사는 방법도 역시 바뀌게 됩니다.

이제 우리는 이 땅의 백성이면서 동시에 하나님 나라, 즉 천국 백성이 됩니다. 하나님의 자녀가 되고 그의 백성이 되는 것이죠. 사람이 자기 나라의 법을 따라야 하듯이 우리는 하나님 나라 법을 따라 살아야 합니다.

세상의 법은 사람이 해서는 안 되는 것들을 적어 놓았습니다. 그리고 그 법을 어기면 형벌을 받게 됩니다. 그래서 우리가 도적질하면 감옥에 가고, 사람을 때리면 경찰에게 잡혀가는 것입니다. 그러나 하나님 나라 법은 그런 것이 아닙니다. 무엇을 잘못했다고 잡혀가고, 잡혀갈까 봐 조심조심 사는 것이 아니라는 것입니다. 오히려 하나님 나라의 법은 무엇을 하지 말라는 것보다 무엇을 하라는 것이 더 많습니다.

우리는 가난한 사람을 돌아보아야 하고, 장애인에게 도움을 주어야 하고, 믿음을 가지고 살아야 합니다. 이렇게 해야 할 것을 하지 않을 때 성경은 우리가 죄를 지었다고 합니다. 그러니까 우리가 죄인이라고 하는 것과 세상 사람들이 죄인이라고 하는 기준이 서로 다릅니다. 세상에서 죄인은 잘못을 저지르고 그 벌을 감옥에서 받습니다. 물론 기독교도 그런 잘못이 죄에 물론 포함되지만, 하나님께서 행하라고 하시는 선을 다 이루지 못할 때도 죄인이라고 합니다. 물론 이런 죄 때문에 감옥에 가는 것은 아닙니다. 그러나 더욱 선한 것을 행해야 한다는 양심의 거리낌을 받게 됩니다.

기독교인이 되면 삶의 기준이 달라지고, 그 결과 다른 삶을 산다고 말씀하셨는데, 우리가 나라의 법보다도 더 많은 것을 요구하는 하늘의 법을 따르며 산다는 것이 쉽지는 않네요.
좀 더 구체적으로 기독교인이 어떻게 살아야 하는지 이야기를 해 주세요.

먼저 기독교인이라면 기본적으로 해야 할 것이 있습니다. 이미 이야기를 나누었는데, 먼저 예배에 참여해야 하고, 때를 정해서 기도하고, 하나님의 말씀인 성경을 읽고 들어야 합니다. 기독교는 개인적으로 하나님과 만난다는 특징이 있습니다. 무엇보다도 내가 개인적으로 하나님을 나의 하나님으로 믿고, 예수님을 나를 구원하신 구세주로 믿는 것이 중요합니다. 하나님을 경험하고, 예수님을 나의 주님으로 모셔야 합니다. 이를 위해서 먼저 우리는 하나님을 만나야 합니다. 그 일이 바로 예배를 드리고, 성경을 읽고, 기도를 드리는 것입니다. 이런 일을 통해서 우리가 하나님을 개인적으로 만날 수 있습니다.

우리가 하나님을 만나기를 원한다고 하면서 그와 만날 기회를 찾지 않는다면 그것은 거짓말하는 것입니다. 좋은 성적을 바란다고 하면서 공부를 하지 않는 학생과 같습니다. 공부를 해야 좋은 성적을 얻을 수 있습니다. 이처럼 우리도 하나님을 만나기 위해서 조용한 시간을 가져야 합니다. 그 시간 안에서 기도하고, 성경을 읽고, 찬송을 해야 합니다.

이런 시간은 때를 정해 놓고 해야 합니다. 하루 중 가장 여유로운 시간에 기도하고 성경을 묵상하는 것입니다. 그래서 우리 믿음의 조상들은 새벽기도에 기도를 하셨습니다. 하루를 시작하는 첫 새벽에 하나님을 만나는 것이죠. 그리고 아무도 자신을 방해할 수 없는 시간에 하나님을 만나고, 정해진 시간에 규칙적으로 꾸준히 기도하고 말씀을 묵상해야 합니다.

감리교인들을 영어로 메토디스트(Methodist)라고 합니다. 한국말로 '정해진 자들'이라고 번역할 수 있습니다. 감리교를 처음 창시한 웨슬리는 친구들과 함께 매일 규칙적으로 모여서 기도하고 성경을 읽었다고 합니다. 그래서 사람들이 그들을 향해서 정해진 자들이라고 놀렸다는 것이죠. 그만큼 그들은 하나님을 만나는 시간을 정해서 그 시간을 지키려고 노력했습니다.

성경에서도 그런 예가 나오나요?

성경에는 다니엘이 그런 기도를 올렸습니다. 이스라엘 사람들은 하루에 세 번 하나님의 성전이 있는 예루살렘을 향해서 기도를 올렸습니다. 이것은 하나님과의 약속이었죠. 그래서 어떤 어려움이 올지라도 이 기도하는 시간만큼은 꼭 지켰습니다. 이스라엘 사람들은 종종 이런 기도시간 때문에 어려움을 겪기도 했습니다. 이방의 왕들은 자신들이 신의 아들이라고 생각했기 때문에 백성들에게 다른 신을 섬기지 말고 자신을 섬기거나 자신이 섬기는 신을 섬기라고 강요했습니다. 그래서 이렇게 정해진 시간에 기도를 하는 이스라엘 사람들을 박해했습니다. 그렇지만 이스라엘 사람들은 굴하지 않고 정해진 때에 기도를 올렸습니다. 하나님을 정해진 때에 만나겠다는 것은 하나님과의 약속이었기 때문입니다.

  요즘은 이런 생각이 많이 없어졌지만 그래도 우리는 하나님을 만나는 시간을 약속하고, 그때를 지키는 습관을 가져야 할 필요가 있습니다. 그래야 우리가 인생의 주인이 하나님이심을 알고 살 것입니다. 무엇보다도 정말 중요한 사실은, 바로 이런 약속을 지키는 일을 통해서 하나님을 항상 잊지 않고 사는 것입니다. 그리고 우리 인생이 항상 달려만 가는 것이 아니라 멈추어야 할 때가 있다는 것을 알기도 합니다. 우리는 인생을 살면서 바쁘기도 하고, 힘들기도 합니다. 그러면 어떻게든 살아보려고 아등바등하게 됩니다. 그러나 그렇게 살다 보면 우리가 왜 사는지, 무엇을 위해서 사는지를 잊어버리고 살 때가 많습니다. 그래서 우리 인생의 진정한 주인이신 하나님께 때때로 돌아갈 필요가 있습니다. 그곳에서 다시 인생의 의미를 깨닫고, 우리 인생의 주인이 누구인지를 확인하는 것입니다. 정해진 때에 기도하고 말씀을 묵상하는 시간이 바로 그곳으로 돌아가는 때입니다.

이런 개인적인 신앙생활도 있지만 다른 사람들과 함께 사는 방법을 아는 것도 중요할 것 같은데요. 하나님은 나의 하나님이시지만 또 우리의 하나님도 되시죠?

우리가 하나님을 나의 하나님으로 고백하고, 예수님을 나의 구주로 고백하는 데 너무 감격해 있으면 하나님이 이 세상의 주인이시고, 이 세계를 구원하길 원하신다는 사실을 잊을 때가 있습니다. 왜냐하면 하나님께서 나에게 주신 선물이 너무 귀하고 놀랍기 때문에 이것이 너무 좋아서 다른 것을 잊는 것입니다.

그러나 중요한 사실은 말씀하신대로 하나님은 나의 하나님이면서, 우리의 하나님이라는 사실입니다. 하나님은 나뿐만이 아니라 이 인류를 구원하시길 원하시고, 이 세상이 하나님이 원하시는 세상이 되기를 원하십니다. 하나님이 이 세상을 만드실 때는 그야말로 지상 낙원이었습니다. 그러나 인간이 죄를 지으면서 이 세상에 악이 들어왔고 그 죄의 결과로 세계의 많은 곳에서 수많은 사람들이 악을 행하고, 고통 가운데 살게 됐습니다. 하나님은 바로 이 세계를 변화시켜서 인간다운 삶이 가능한 곳으로 만드시길 원하십니다. 성경에서 말하는 하나님의 속성인 사랑, 정의, 평화가 가능한 곳으로 만드는 것입니다. 그래서 하나님은 우리에게 사명을 주셨습니다. 하나님의 아들이요, 딸이 된 우리가 이 세상을 하나님께서 원하시는 세상으로 만드는 것입니다. 이것이 하나님의 뜻을 이 땅에서 이루어 가는 것입니다.

이런 의미에서 이 세계는 하나님과 인간들의 공동 무대입니다. 하나님의 도움으로 이 세상을 하나님이 원하시는 세상으로 만들어 가는 것입니다. 이 역사의 종말은 그냥 오지 않습니다. 바로 우리의 이런 노력들이 결실을 맺어갈 때 하나님의 나라가 오게 되는 것입니다.

이 세계가 하나님과 인간의 공동 무대라고 하셨는데, 이런 생각은 다른 종교와는 다른 것 같습니다.

불교는 속세를 떠나 스님들이 산속에서 도를 닦는 것이 기본적인 성향입니다. 천주교도 산속에 수도원을 지어 은둔하는 경우가 있습니다. 그런데 개신교는 전통적으로 항상 사람들이 사는 곳에 있습니다. 사람들이 가장 많은 곳에 교회를 짓고 사람들을 만나고, 그들과 함께 사회를 만들어 가는 것입니다.

서양 사람들은 마을을 새롭게 만들면서 제일 먼저 교회를 짓고, 다음에 학교를 짓고, 그리고 자신들의 집을 지었다고 합니다. 그만큼 교회는 마을에 중요했고, 마을의 중심이었던 것이죠. 그래서 기독교는 항상 세상의 변화에 많은 관심이 있습니다. 기독교가 들어가는 나라에서는 사회가 변하고, 나라가 변했습니다. 따라서 기독교는 어느 사회든지 중립적 입장을 가지기보다는 급진적이거나 또는 아주 보수적인 형태를 보입니다. 항상 변화를 꾀하는 것이죠.

역사적으로도 그러한 예들이 있나요?

종교개혁 자체가 바로 그런 예가 될 수 있습니다. 종교개혁은 1517년에 일어났습니다. 그것은 그냥 일회적인 사건이나 혁명이 아니었고 오랜 시간 지속되어진 운동이었습니다. 독일의 마틴 루터가 이런 종교개혁의 중심인물이었는데, 그는 독일의 여러 성주들의 지원을 받았습니다. 그가 종교개혁을 일으키고 처음 한 일은 성경을 독일어로 번역하는 일이었습니다. 성경이 전부 라틴어로 되어 있었기 때문에 당시에는 귀족들만 성경을 읽을 수가 있었습니다. 라틴어는 고대 로마의 말로써 그 당시에 사용하는 언어가 아니라 귀족들이 공부하거나 자기들끼리 만날 때나 사용하는 언어였습니다. 그래서 일반 평민들은 그 언어를 알지 못했던 것이죠. 그런데 귀족들은 하나님의 말씀인 성경을 자신들만 아는 언어로 써 놓고서는 독일어로 번역을 하지 않은 것입니다. 일반 국민들은 성경을 읽을 권리가 없다고 생각한 것이죠. 그냥 가톨릭 신부들이 전해 주는 이야기만 들으면 된다고 생각했습니다.

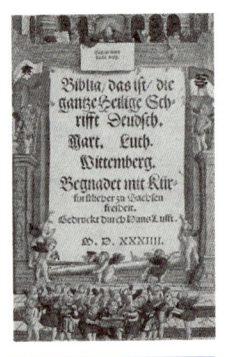

루터 성경 루터는 숨어 지내면서 에라스무스의 그리스 성경을 독일어로 번역했다. 하루에 1,500개 이상의 단어를 옮겨서 불과 몇 주 만에 번역을 마쳤다고 한다.

종교개혁은 바로 이런 생각을 바꾼 것입니다. 평민들도 귀족들과 같이, 가톨릭 신부들처럼 자신이 직접 성경을 읽고 하나님의 말씀을 깨닫도록 한 것입니다. 그래서 성경을 독일어로 번역하고 때마침 발달한 인쇄술의 도움을 받아서 값싸게 많은 사람들에게 성경을 보급해 주었습니다.

그리고 루터를 지원하는 여러 성주들에게 편지를 보냅니다. 성주들이 지배하는 곳에 학교를 세워 달라는 것입니다. 그곳에서 일반 백성들이 글을 배워서 공부할 수 있고, 하나님의 말씀을 읽을 수 있도록 해 달라는 것이죠. 그래서 종교개혁을 받아들이는 곳마다, 즉 기독교를 새롭게 받아들이는 곳마다 학교가 생기고 글을 배우고, 공부를 하는 일이 일어난 것입니다. 이를 통해서 사회가 변화될 수 있었던 것입니다. 기독교는 이처럼 이 세상이 하나님의 뜻을 이루기 위해서 노력하는 종교입니다. 그리고 그런 일을 위해서 수고하는 것이 바로 기독교인의 임무이고 살아가는 방법입니다.

또 신앙인으로 살기 위해서 우리가 유념해야 할 일이 있다면 어떤 것이 있을까요?

기독교인에게는 그리스도의 향기가 나야 합니다. 비록 드러나지는 않지만 그에게서는 알게 모르게 예수님의 냄새가 나야 한다는 것이죠. 이것은 우리가 예수님을 닮는 성품을 가져야 한다는 말입니다. 그것은 겸손한 마음이고, 나보다 남을 높게 여기는 마음이고, 사랑하는 마음입니다. 이렇게 제가 말한 것 외에도 예수님이 가지셨을 만한 성품으로 이웃을 사랑하고 하나님을 사랑하는 삶을 살아야 합니다. 그리고 그런 삶을 다른 사람들에게 보여 줘야 합니다. 이런 성품을 가지기 위해서 항상 기도하고 마음을 다스리는 훈련을 해야 할 것입니다.

 이젠 알아요!

 기독교인으로 어떻게 살아야 하는지를 말씀을 통해 묵상해 봅시다 (마태복음 5장: 예수님의 산상설교, 고린도후서 2:12~17, 골로새서 3장).

 나는 개인적으로 하나님과 만나는 정해진 시간이 있나요?

 예수를 믿는 우리에게 요구되는 삶은 어떤 것인지 나누어 봅시다.